Daniela E. Aust

November 1999

Bern

Hovestädt · Sich selbst organisieren

Konzept und Beratung der Reihe Beltz Weiterbildung:

Prof. Dr. *Karlheinz Geißler*, Schlechinger Weg 13, D-81669 München.
Prof. Dr. *Bernd Weidenmann*, Weidmoosweg 5, D-83626 Valley.

Wolfgang Hovestädt

Sich selbst organisieren

Weg vom Zeitdruck:
Wie man sich die Arbeit erleichtern kann

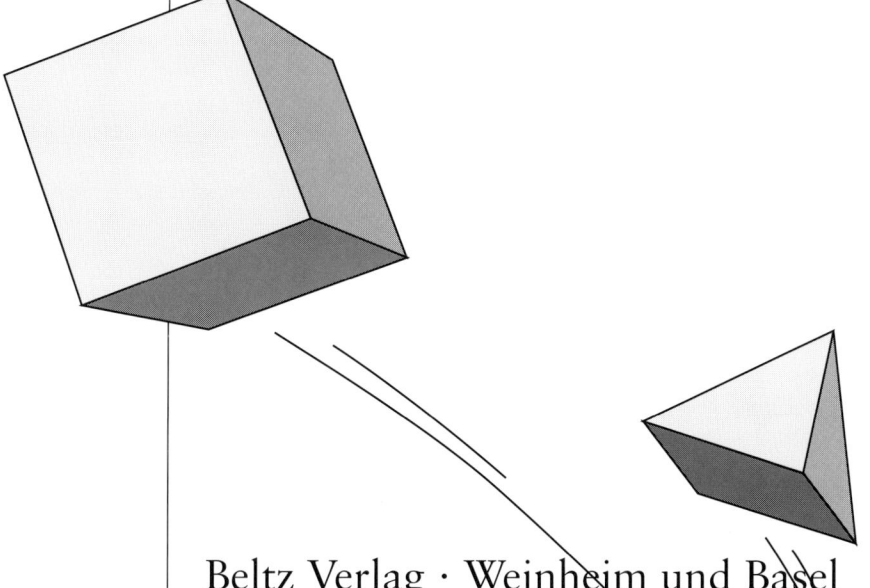

Beltz Verlag · Weinheim und Basel

Wolfgang Hovestädt, Jg. 1944, Dipl.-Pädagoge, ist Geschäftsführer eines Unternehmens im Bereich Managementberatung und -ausbildung mit eigenem Zeitplanbuch (ICUS-Timer). Er führt Seminare durch in den Bereichen: Zeitmanagement, Kommunikation und Führungstechniken.

Anschrift: Wolfgang Hovestädt, Management-Service ICUS GmbH, Postfach 1209, 48457 Schüttorf

**Für Lydia, die mir die Zeit erübrigte,
für Kirsten und Astrid, die diese noch selbst benötigen,
und für Mäxchen, der damit noch keine Probleme hat**

Gesetzt nach den neuen Rechtschreibregeln

Lektorat: Ingeborg Strobel

© 1997 Beltz Verlag · Weinheim und Basel
Herstellung: Klaus Kaltenberg
Satz: Satz- und Reprotechnik GmbH, Hemsbach
Druck: Druckhaus Beltz, Hemsbach
Umschlaggestaltung und Grafiken S. 9, 27, 87, 113, 123: Bernhard Zerwann, Bad Dürkheim
Printed in Germany

ISBN 3-407-36331-1

Inhaltsverzeichnis

Einleitung

Mit Hilfe dieses Buches

- ❖ sollen Sie lernen, Leistungshemmnisse abzubauen, um den persönlichen »Arbeitsdruck« zu verringern. Gleichzeitig kommen Sie so zu effektiveren Ergebnissen;
- ❖ sollen Sie Möglichkeiten zur Verbesserung der eigenen Arbeitsorganisation und Arbeitsstruktur erkennen und anwenden lernen;
- ❖ sollen Sie die Planung eigener realistischer Zielsetzungen und klarer Prioritäten durchführen können.

Dauerstress, Arbeitsüberlastung, Hektik und überladene Schreibtische sind Symptome, die Zeit und Energie fressen. Sie kosten Nerven, belasten das Betriebsklima und die Arbeitsergebnisse. Was fehlt, sind Techniken, mit denen man seine Zeit, seine eigene Organisation, seine eigenen Aufgaben besser in den Griff bekommt.

Das Hauptziel sollte aber lauten: Zeit zu gewinnen – mehr Zeit zur Verfügung zu haben; Zeit zum Nachdenken, Zeit zum Ausruhen. »*In der Ruhe liegt die Kraft*«, heißt es – aber stimmt dieser Satz noch? Befinden wir uns nicht ständig in Bewegung, in »*Action*«? Wir wollen alles sofort und jetzt. Wir hetzen atemlos durch den Tag oder schlagen auch manchmal die Zeit tot – als ob diese ein vernichtenswerter Feind wäre. Was wir brauchen, ist ein Reglement, eine Art Geschwindigkeitsbeschränkung für unsere Zeit, denn alltäglicher Zeitdruck macht krank.

Ein (über)voller Terminkalender ist nicht unbedingt ein Statussymbol für einen besonders erfolgreichen Menschen – eher schon ein mörderisches Instrument für die eigene Gesundheit.

Es gibt Menschen, die immer schneller werden und sich doch (oder gerade deshalb) immer weiter vom Ziel entfernen. Oder, wie Mark Twain einmal

»Eins, zwei, drei
im Sauseschritt,
läuft die Zeit,
wir laufen mit,
schaffen, schuften,
werden älter,
träger, müder und
auch kälter,
bis auf einmal man
erkennt,
dass das Leben geht
zu End.
Viel zu spät begreifen
viele,
die versäumten
Lebensziele:
Freude, Schönheit
der Natur,
Gesundheit, Reisen
und Kultur.
Drum Mensch sei
zeitig weise!«

Wilhelm Busch

formulierte: »*Als sie das Ziel aus den Augen verloren, verdoppelten sie ihre Anstrengungen.*«

Vielleicht gibt es schon einen ersten Lösungsansatz. Peter Hahne, der bekannte Fernsehnachrichtensprecher, lebt zumindest zeitweise nach dem Grundsatz: »*Im Urlaub lege ich grundsätzlich die Armbanduhr ab ...*«

Zeit und Erfolg sind planbar, heißt es – nur fehlen oft die Kenntnisse, dieses zu tun.

Deshalb wird es zunächst einmal darum gehen, Möglichkeiten kennenzulernen, sich selbst besser und sinnvoller zu organisieren, das heißt, die Verbesserung des eigenen Arbeitsablaufes zu erfahren. Es geht um rationellere Arbeitsweisen und um effektivere Arbeitsmethoden. Dabei werden Ursachen für Leistungshemmnisse aufgezeigt und herausgearbeitet.

Wir werden aufzeigen, wie Sie eine eigene durchführbare Zielsetzung aufstellen und Ihre Arbeiten nach klaren Prioritäten einordnen können. Sie werden erfahren, wie Sie Projekte und Zeiträume planen, Ziele aufstellen, formulieren und realisieren und so mit modernen Arbeitstechniken umgehen können.

Selbstmanagement

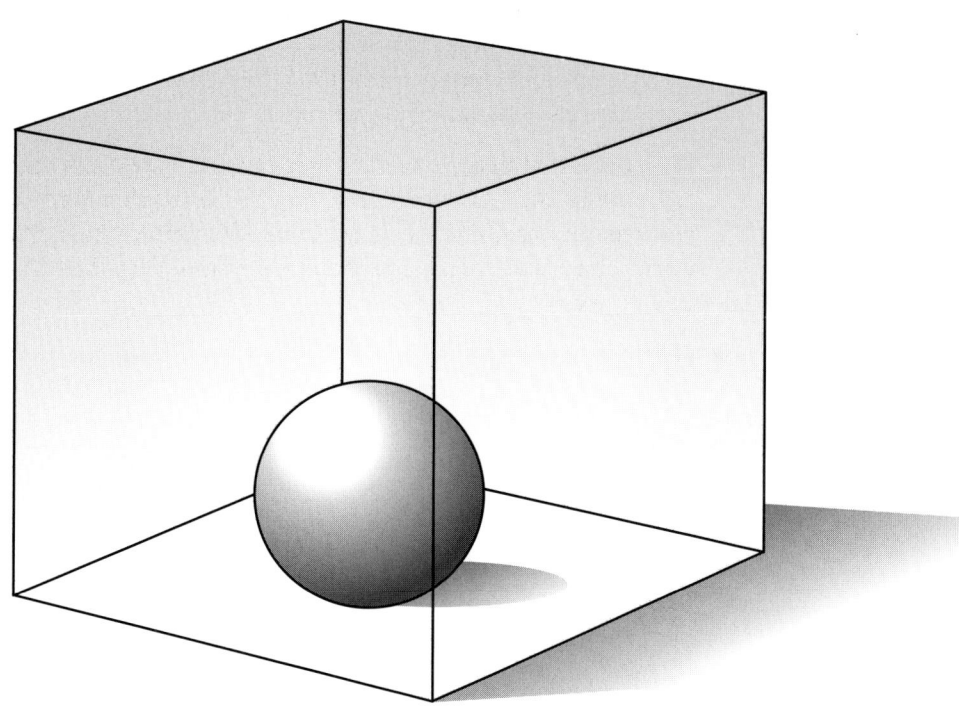

Mit Hilfe dieses Kapitels

❖ sollen Sie lernen, Effizienzfresser zu erkennen, zu analysieren und Gegenmittel zu entwickeln;

❖ sollen Sie Ihr eigenes Zeitprofil bestimmen und Möglichkeiten zur Verbesserung des eigenen Arbeitsablaufes verstehen einzusetzen;

❖ sollen Sie die Gründe für unnötige Arbeiten erkennen und entsprechende Gegenmittel einsetzen.

Bestandsaufnahme

Kein Architekt würde mit den Bauarbeiten beginnen, ohne vorher einen genauen Plan zu entwerfen. Denn es ist ganz »normal«, für komplexe Aufgaben nach einem detaillierten Plan zu arbeiten. Nur, diese Grundregel scheint weder für das Management noch für den Außendienst zu gelten – und schon gar nicht, was die Terminplanung anbelangt.

Schauen wir in Unternehmen, lässt sich feststellen, dass hier im negativen Sinne der Stil der »Macher« vorherrscht – Hauptsache, es wird etwas gemacht.

So werden die Tage voll gestopft mit Aufgaben, Terminen und Aktivitäten. Auf Effizienz und Effektivität wird kaum Wert gelegt. Bedenkt man aber, dass Effizienz heißt, eine Arbeit *richtig*, das heißt rationell zu erledigen, und Effektivität, die *richtige Arbeit in Angriff zu nehmen*, dann wird deutlich, wie gesündigt wird.

Arbeiten werden halbfertig liegen gelassen, unter (Zeit-)Druck wird dann schnell etwas »zusammengeschustert«. Besprechungen werden kaum vorbereitet, Termine werden dem Zufall überlassen, Telefonate werden spontan geführt, Besucher und Mitarbeiter kommen unangemeldet usw. – aber jeder jammert darüber, nicht genug Zeit zu haben.

Dabei hat jeder von uns alle Zeit, die es gibt. Die entscheidende Frage ist jedoch nicht, wie viel Zeit wir haben, sondern was wir mit ihr anfangen, wie wir sie nutzen.

Wir müssen jedoch zunächst einige Grundüberlegungen anstellen, um zu erfahren, wie wir arbeiten oder ob wir »gearbeitet« werden, d.h. hauptsächlich fremdbestimmt sind. Dazu sehen Sie sich bitte die folgende Übersicht der Effizienzfresser an. Wir müssen für uns selbst sehr genau die vier verschiedenen Bereiche analysieren, um zu erfahren, wie wir arbeiten.

Merke: Erfolgreichen Umgang mit der Zeit lernt man nur durch eine schmerzvolle Selbstinventur.

11

*Nehmen
Sie*

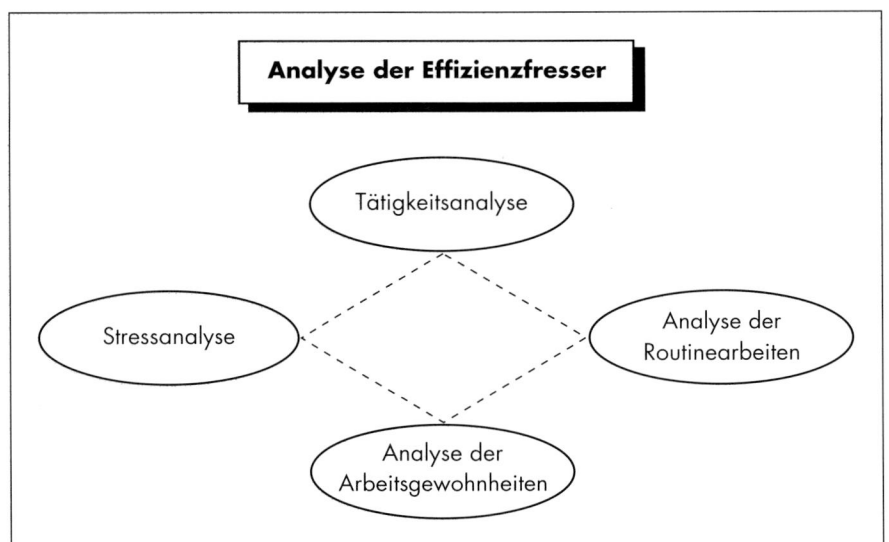

alles

*unter
die Lupe.*

Zunächst sollen unsere Gesamttätigkeiten unter die »Lupe« genommen werden. Das heißt, wir stellen fest, was wir erledigen und mit welchen Mitteln. Das bedeutet auch, zu prüfen, ob wir Arbeiten durchführen, die delegiert werden könnten.

Bei der Analyse der Routinearbeiten geht es um die Frage, ob diese überhaupt sinnvoll sind, ob sie so, wie sie durchgeführt werden, im wahrsten Sinne des Wortes zeitgerecht sind. Gibt es Möglichkeiten, diese in sinnvolle Blöcke zusammenzufassen? – Wir können an dieser Stelle nur Anregungen geben, die kritische Beantwortung und die Umsetzung bleibt Ihnen überlassen.

Untersuchen Sie auch Ihre Arbeitsgewohnheiten. Dabei spielt der Zeitpunkt der Erledigung ebenso eine Rolle wie die Durchführung der Tätigkeit.

Analyse der Effizienzfresser

- Tätigkeitsanalyse
- Stressanalyse
- Analyse der Routinearbeiten
- Analyse der Arbeitsgewohnheiten

Untersuchungen haben gezeigt, dass wir 80 Prozent der Zeitfallen, in die wir stolpern, selbst gelegt haben.

Wir geraten in Stress und Hektik, arbeiten an übervollen Schreibtischen, machen Überstunden, um das bisher nicht Erledigte doch noch zu schaffen. Wir nehmen dieses alles hin – oft sogar mit einem Anflug von Angabe – und glauben, das alles gehöre eben dazu.

Doch dieses Verhalten muss auf Dauer zu Unzufriedenheit führen, zu einer Demotivation, die dann noch mehr unter Druck setzt.

Aus diesem Teufelskreis herauszukommen muss oberstes Ziel sein. Wir müssen erreichen zu bestimmen, was und wie wir arbeiten.

Das Zeitprofil

»Es ist nicht wenig
Zeit, was wir haben,
sondern es ist viel,
was wir nicht nützen.«
Seneca

Was ist eigentlich »Zeit«? Wenn wir diese Frage philosophisch betrachten, ergibt sich folgende Antwort: Die Zeit ist ein vom Menschen gemachter Begriff, nicht die Zeit vergeht, sondern nur das Leben. Das bedeutet dann realistisch gesehen, dass Sie über Ihre Zeit bestimmen und so auch sinnvoll planen können.

Planung setzt aber zunächst einmal die Kenntnis über den IST-Zustand voraus. Es müssen also die Ursachen bekannt sein, bevor wir eine Therapie beginnen. Wer also feststellen will, in welchen Bereichen Selbstmanagement am nötigsten ist, sollte ein Zeittagebuch führen. Niemand kann seine Zeit richtig einteilen, wenn er nicht weiß, wo sie hingeht.

Ein Zeittagebuch ist eine Auflistung und Darstellung aller Tätigkeiten in einem gegebenen Zeitraum. Durch sorgfältige »Buchführung« über die eigene Zeitnutzung mithilfe dieser Aufzeichnungen gewinnen Sie ein klares Bild davon, wohin Ihre Zeit tatsächlich geht und ob Sie die verfügbare Zeit optimal nutzen.

Denken Sie an Ihren eigenen Arbeitsablauf:

- ❖ Wie strukturieren Sie dafür Ihre Zeit?
- ❖ Wofür verwenden Sie Ihre Zeit?
- ❖ Wo tappen Sie in (selbst aufgebaute) Zeitfallen?
- ❖ Welche Zeitdiebe gibt es?

Um diese Fragen zu klären, müssen wir uns zunächst mit der eigentlichen Tages-Arbeitszeit-Analyse beschäftigen. Denn ohne Kenntnisse darüber, wofür wir unsere Zeit tatsächlich »verbrauchen«, gelingt uns auch keine vernünftige Tagesplanung. Das heißt, wir brauchen eine minutiöse und detaillierte Aufstellung eines »typischen« Tagesablaufes.

Wählen Sie für diese Aufgabe irgendeinen Arbeitstag, besser noch, Sie führen die Untersuchung an zwei verschiedenen Tagen durch, um einen Vergleich zu haben und bessere Rückschlüsse ziehen zu können. Beginnen Sie mit Ihrer Aufzeichnung gleich zu Beginn des Arbeitstages und führen diese bis zum Ende Ihres Arbeitstages durch.

Die auf der nächsten Seite folgenden Anweisungen sollten von Ihnen genau befolgt werden, damit der »tägliche Zeitnachweis« einen möglichst hohen Aussagewert gewinnt. Tragen Sie Ihre Tätigkeiten in Kurzform ein, erfinden Sie eigene Kürzel, die Sie auf den ersten Blick erkennen können.

*Nein,
es ist noch nicht
»fünf vor zwölf« –
aber später, als
Sie denken!*

Anweisungen:

❖ Tragen Sie Datum und Ziele ein. Das heißt: Welche Ziele nehmen Sie sich für diesen Tag besonders vor?

❖ Notieren Sie alle im Laufe des Tages anfallenden Tätigkeiten, auch wenn die Zeitspannen dafür noch so kurz und unbedeutend aussehen sollten.

❖ Notieren Sie auch jede Unterbrechung und Störung, egal, ob diese von außen kommt oder von Ihnen selbst verursacht wird.

❖ Führen Sie Ihren Zeitnachweis mindestens zwei Tage oder besser eine ganze Woche.

❖ Bitte seien Sie möglichst ehrlich und selbstkritisch.

❖ Bemühen Sie sich um eine sofortige Registrierung und vermeiden Sie spätere Gedächtnisaufzeichnungen (die doch nicht gelingen bzw. unvollständig bleiben).

Zeit-Analyse-Tagebuch

Name: _____   Datum: _____

Tagesziele: _____

Listen Sie alle Ihre Tätigkeiten, Unterbrechungen, Störungen usw.
auf (je genauer, desto besser).

Uhrzeit		Tätigkeiten, Störungen, Unterbrechungen	Zeit-aufwand	Bemerkungen
von	bis			

Fragen zur Analyse der Tagesaufzeichnung

Nach Fertigstellung der Tagesaufzeichnung ist eine gründliche Analyse wichtig. Nur so können wir unsere Stärken und Schwächen im Umgang mit der Zeit klar erkennen. Die folgenden Fragen sollen Ihnen bei der Auswertung helfen:

❖ Haben Sie für jeden Tag einen schriftlichen Plan mit eindeutigen Prioritäten aufgestellt?

Wie heißen diese Prioritäten?

✎ _____

Wie lange haben Sie gebraucht, bis Sie mit der wichtigsten Arbeit des Tages beginnen konnten?

✎ _____

Wie oft haben Sie sich während der Arbeit an dieser Aufgabe stören lassen?

✎ _____

❖ Haben Sie die richtige Arbeit zur richtigen Zeit erledigt?

Welche Arbeiten haben Sie erledigt, die gar nicht nötig waren?

✎ _____

Welche Dinge hätten später erledigt werden können?

✎ _____

Welche Aufgaben hätten Sie an wen delegieren können?

✎ _____

❖ Was könnte besser gemacht werden?

Schneller?

✎ _____

Einfacher?

✎ _____

Weniger detailliert?

✎ _____

Mit besseren Ergebnissen?

✎ _____

❖ Zu den Unterbrechungen:

Welche Unterbrechungen kommen am häufigsten vor (z.B. durch Telefon, Besucher, Chef, Kollegen, Kunden, Nachbarn, Ehepartner, Krisen, selbst bedingte Unterbrechungen)?

✎ _____

Wie oft? Wie lange?

✎ _____

Wie wichtig waren die Unterbrechungen?

✎ _____

Wie lange haben Sie gebraucht, um den Faden wieder zu finden?

✎ _____

Wie viele von Störungen unterbrochene Aufgaben waren bis Tagesende noch nicht erledigt?

✎

Wie viel Zeit verbrauchen Sie in Reaktion auf Krisen, die sich hätten voraussehen und verhindern lassen?

✎

Wie viel Zeit verbrauchen Sie für Aufgaben, die hätten delegiert werden können?

✎

❖ Zu Kontakten/Gesprächen mit anderen:

Mit wem? (Mit der richtigen Person?)

✎

Wie oft? Wie lange?

✎

Wie wichtig sind diese Kontakte?

✎

Wird die Zeit den gesetzten Prioritäten entsprechend genutzt?

✎

❖ Inwieweit haben Sie Ihre Ziele erreicht?

✎

Wenn es nicht immer läuft, wie wir es erwarten oder planen, so geschieht dies oft deshalb, weil zwischendurch immer wieder Störungen eintreten. An manchen Unterbrechungen sind wir selber schuld. Für andere ist unsere Umgebung verantwortlich.

Wer oder was stiehlt uns die Zeit? Welche Zeitdiebe kennen wir? Die nachfolgenden Anregungen sollen Ihnen helfen, Ihre persönliche Arbeitssituation zu überprüfen und die Störfaktoren zu identifizieren.

Merke:
Jede Unterbrechung
der Arbeit
ist eine Störung.

Eigene Arbeit verbessern

Um unsere eigene Arbeit zu verbessern, sollten wir einige Punkte berücksichtigen. Nur so ist es möglich, Zeitfresser zu erkennen und Zeitdiebe zu fangen.

Wir müssen die möglichen Gründe für unnötige Arbeiten analysieren und diese dann ausschalten:

Gründe für unnötige Arbeiten

- ❖ Gewohnheit
- ❖ Prestigedenken
- ❖ Misstrauen
- ❖ Absicherungsbedürfnis
- ❖ Perfektionsstreben
- ❖ Informationsbedürfnis

Diese genannten Gründe sind die Hauptursachen für überflüssige Arbeiten und dadurch für unnötigen Zeitverbrauch.

Wenn wir einmal überlegen, wie viel Zeit draufgeht, weil »alte Gewohnheiten«, von denen wir uns nicht trennen mögen, unseren Arbeitsablauf bestimmen, so verbrauchen wir schon alleine dafür viel zu viel Zeit.

Ebenso ist es mit Misstrauen anderen gegenüber und auch das Absicherungsbedürfnis gegen alles und jeden spielt als »Zeitfresser« eine nicht unbedeutende Rolle.

Gegenmittel

Natürlich gibt es probate Mittel, um sich vor Störungen und Unterbrechungen zu schützen. Dazu mag die nachstehende Aufstellung eine Anregung sein. Allerdings sind die vier Aspekte nicht unbedingt »blind« zu übernehmen, wie wir aufzeigen werden.

Als Erstes könnte man Unterbrechungen dadurch begrenzen, dass wir *ausweichen* bzw. *abblocken*. Damit begegnen wir zwar der Störung, beseitigen aber nicht die Ursache, auf die es ankommt. Zu sagen, ich habe jetzt keine Zeit, ist zu wenig, um dem Störenden eindeutig klarzumachen, dass er »hier und heute« stört und dass er z.B. die Lösung zu seinem Problem auch alleine finden kann.

Besser geeignet ist es dann schon eher, Unterbrechungen zu *vermeiden*, also von Anfang an die Ursache ins Auge zu fassen und auszuschalten. Nur, ob wir darauf immer Einfluss haben, ist die Frage. Denken Sie in diesem Zusammenhang nur einmal an das klingelnde Telefon: Störung ja – Vermeidung kaum möglich.

Eine weitere geeignete Möglichkeit, diese ungewollten Störungen zu unterbinden, ist dann schon eher durch diesen dritten Aspekt gegeben: Wenn Unterbrechungen schon aufgetreten sind, dann versuchen Sie zu *kanalisieren*, das heißt, die Störung bewusst in eine bestimmte, positive Richtung zu lenken: beispielsweise den Rückruf beim Telefonat anbieten, Termine absprechen usw.

Neben diesem Gesichtspunkt ist die vierte Möglichkeit, mit Störungen umzugehen, wohl am besten geeignet. Versuchen Sie die aufgetretene Störung zu *minimieren*.

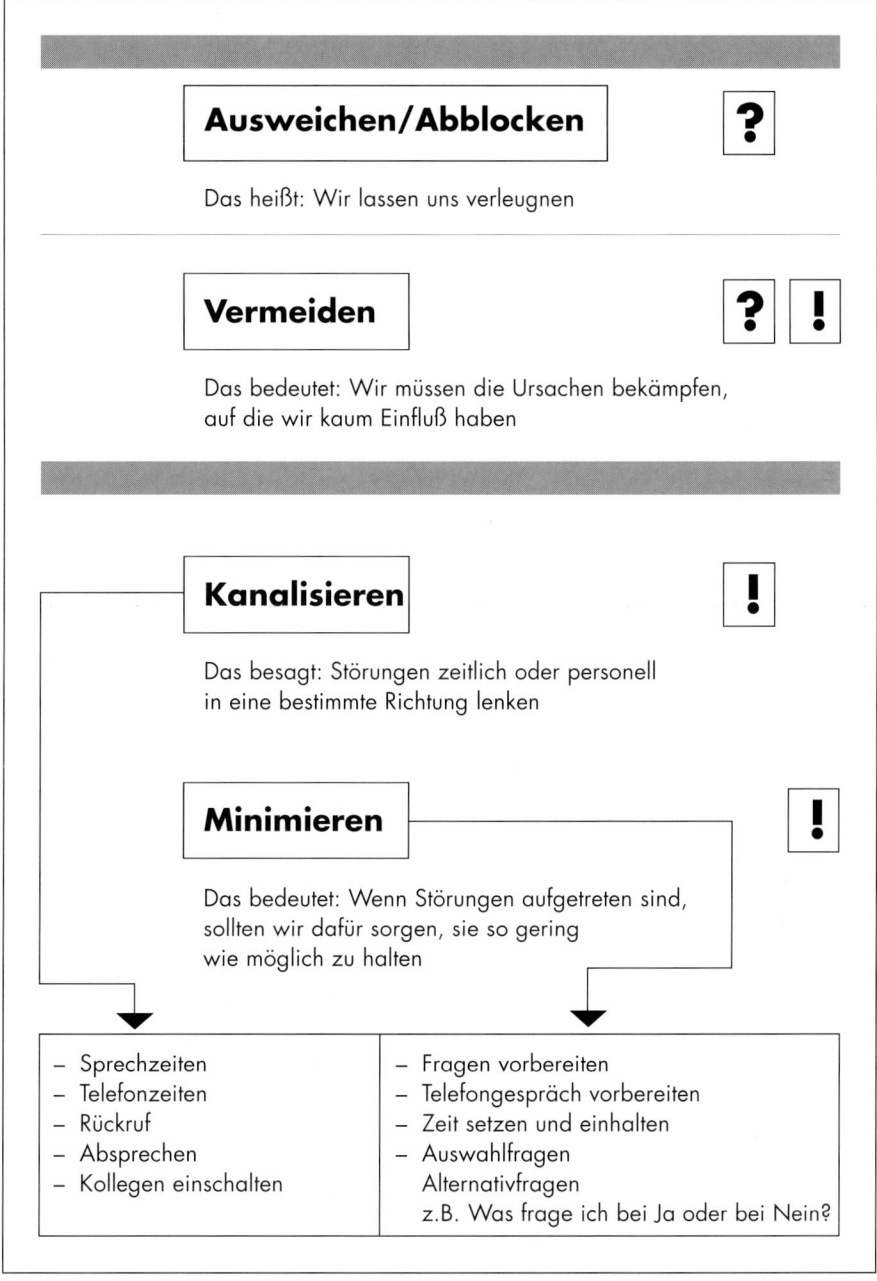

Ausweichen/Abblocken **?**

Das heißt: Wir lassen uns verleugnen

Vermeiden **?** **!**

Das bedeutet: Wir müssen die Ursachen bekämpfen,
auf die wir kaum Einfluß haben

Kanalisieren **!**

Das besagt: Störungen zeitlich oder personell
in eine bestimmte Richtung lenken

Minimieren **!**

Das bedeutet: Wenn Störungen aufgetreten sind,
sollten wir dafür sorgen, sie so gering
wie möglich zu halten

– Sprechzeiten
– Telefonzeiten
– Rückruf
– Absprechen
– Kollegen einschalten

– Fragen vorbereiten
– Telefongespräch vorbereiten
– Zeit setzen und einhalten
– Auswahlfragen
Alternativfragen
z.B. Was frage ich bei Ja oder bei Nein?

Erst die Diagnose, dann die Therapie:
– durch Ausweichen bzw. Abblocken wird ohne Diagnose nur therapiert,
– durch Vermeidung könnte die Ursache zwar ausgeschaltet werden, aber wir haben kaum Einfluß darauf,
– Kanalisierung als Therapie setzt eine Diagnose voraus,
– ebenso muß bei der Minimierung zunächst die Ursache erforscht sein, um eine Therapie durchzuführen.

Dazu ein Beispiel: Sie kennen sicher die Situation, da steckt jemand seinen Kopf durch die Tür und fragt: »*Störe ich?*« Schon alleine das ist eine Störung und Sie könnten wahrheitsgmäß mit »*Ja*« antworten. Im Sinne unseres Vorschlages, die Störung so weit wie möglich zu reduzieren, wäre es angebracht, wie folgt zu reagieren, indem Sie dem Störenden klarmachen,

- ❖ dass er stört,

- ❖ dass er sich deshalb bitte kurz fassen möge und

- ❖ dass er sich zukünftig anmelden möchte.

Beachten Sie also vor allem die Aspekte

- ❖ Vermeiden,

- ❖ Kanalisieren,

- ❖ Minimieren,

um Störungen/Unterbrechungen so gering wie möglich zu halten.

Nein sagen

Kaum eine andere Methode verschafft Ihnen annähernd so viel Zeit wie der gezielte Gebrauch des Wörtchens »Nein«. Den meisten Menschen fällt es jedoch schwer, Nein zu sagen. Dies kann verschiedene Ursachen und Gründe haben:

- ❖ Der Wunsch, anderen zu helfen, lässt eigene Verpflichtungen in den Hintergrund rücken.

- ❖ Hilfe anderer »verpflichtet« zu Gegenleistungen: Wer genommen hat, »muss« geben und geben und geben ...

- ❖ Der Drang, unentbehrlich und wichtig zu sein, verführt dazu, immer neue Aufgaben zu übernehmen.

- ❖ Die Angst, durch Neinsagen zu verletzen, führt zu immer weiteren »Verstrickungen«.

24

Zur rechten Zeit höflich, aber bestimmt Nein gesagt, bedeutet:

❖ Sie gewinnen Zeit und Muße für das Wesentliche – beruflich und privat.

❖ Andere wissen, woran sie bei Ihnen sind – Sie müssen nicht zu Ausreden oder Entschuldigungen Zuflucht nehmen, um sich aus Versprechen herauszuwinden.

❖ Ihr Selbstbewusstsein steigt – Sie lassen sich nicht mehr manipulieren.

> »Formel meines
> Glücks:
> ein Ja,
> ein Nein,
> eine gerade Linie,
> ein Ziel.«
>
> *Nietzsche*

So sagen Sie Nein, ohne sich schuldig zu fühlen:

❖ *Vereinbarungen*
Gehen Sie grundsätzlich nur Vereinbarungen ein, die Sie auch wirklich einhalten können. Bitten Sie sich gegebenenfalls ein wenig Bedenkzeit aus.

❖ *Innere Stimme*
Vertrauen Sie auf Ihre innere Stimme, Ihr »Bauchgefühl«, wenn Sie Gefahr laufen, Ja zu etwas zu sagen, was gegen Ihre Interessen ist.

❖ *Belohnen*
Belohnen Sie sich, wenn Sie Nein gesagt haben.

❖ *Alltagssituationen*
Üben Sie in Alltagssituationen (zum Beispiel in Geschäften), Nein zu sagen, wenn Ihnen jemand etwas anbietet, was Sie nicht möchten.

❖ *Schaden klein halten*
Halten Sie den Schaden klein: Lassen Sie andere schnell wissen, wenn Sie Vereinbarungen nicht einhalten können.

❖ *Verpflichtungen*
Wenn Sie Ja gesagt haben: Setzen Sie alles daran, Ihre Aufgaben und Verpflichtungen vereinbarungsgemäß zu erledigen.

Wer zum Chef nicht »NEIN« sagen kann, überfordert sich systematisch!

Diese Hinweise, aus einer anderen Sicht dargestellt, beinhalten folgende Anregungen für die sinnvolle Planung Ihrer Zeit.

Tips für Ihre persönliche Arbeitstechnik

❖ Nicht in eine ungeordnete Flut von Arbeiten hineinspringen. Die Gedanken ordnen.

❖ Eine Arbeit nach der anderen.

❖ Wichtiges vom Unwichtigen trennen.

❖ Was ist:
   – sehr wichtig,
   – wichtig,
   – dringend?

❖ Ablehnen, Unwichtiges zu tun. Mehr Mut zum Nein.

❖ Nicht unterbrechen lassen. Eine Arbeit zu Ende führen.

Zeitmanagement

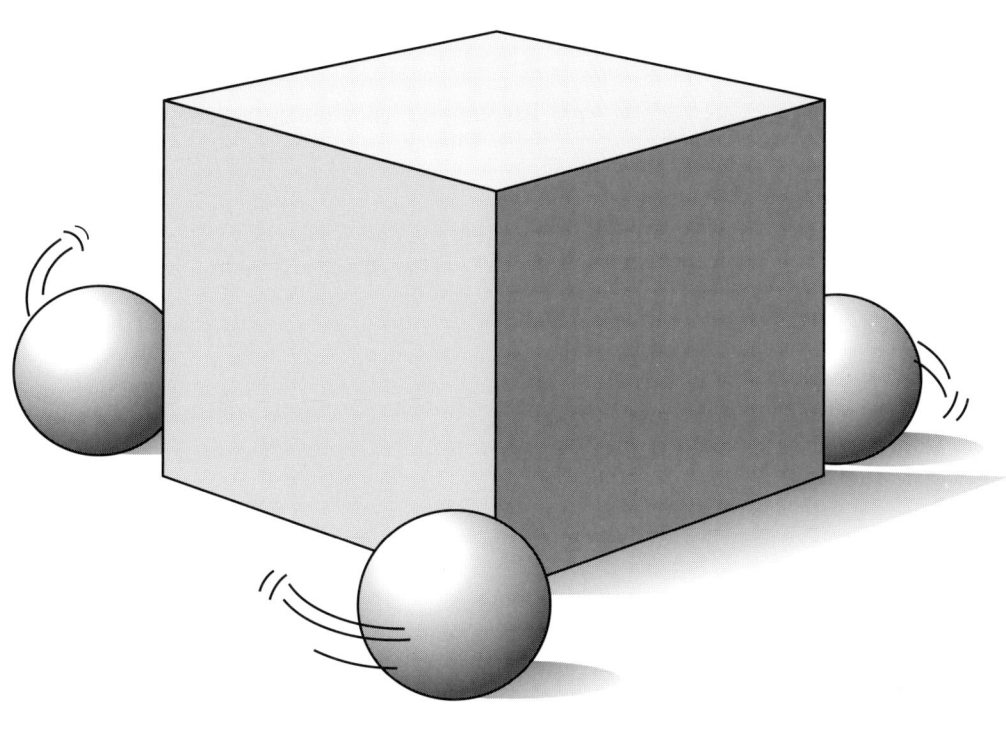

In diesem Kapitel erfahren Sie

❖ Möglichkeiten, Ihren eigenen Arbeitsablauf wesentlich zu verbessern;

❖ Techniken zur Planung der eigenen Zeit und den effektiven Einsatz dieser Techniken;

❖ Grundregeln zur Zeitplanung und die Umsetzung dieser Grundregeln für den eigenen Tagesablauf.

Ziele setzen und einhalten

Folgender Zustand ist allgemein bekannt: Man lässt sich treiben und nimmt alles hin. Und ist sogar noch dankbar dafür, dass andere einem die Überlegung zum Ablauf und zum Ziel abnehmen.

»Am Anfang war die Tat!« – so ähnlich könnte man ein bekanntes Wort aus der Bibel abwandeln, wenn man sich die Situation bei vielen ansieht – Hauptsache, es wird überhaupt etwas getan.

Dazu eine kleine Geschichte:

> *Vom ehemaligen Minister im Kanzleramt unter Willy Brandt, Horst Ehmke, wird Folgendes kolportiert: Er springt in den bereitstehenden Wagen und sagt zu dem Fahrer: »Fahren Sie los!« Dieser: »Wohin wollen Sie denn?« Daraufhin der Minister: »Nun fahren Sie schon! Egal wohin – ich werde überall gebraucht!«*

So oder ähnlich läuft es bei vielen von uns ab – wir wissen nicht, was wir wollen, aber das ganz genau.

Nur, wir können es nicht dem Zufall überlassen, dass Geschäfte korrekt ablaufen und dann noch brauchbare Resultate bringen. Eine (erste) Lösung des Problems liegt darin, sich Ziele zu setzen. Wer keine klaren Ziele hat, wird sich immer treiben lassen müssen, er wird letztlich immer dort ankommen, wo er gar nicht hinwollte. Wir brauchen eine Messgröße, damit wir entscheiden können, ob etwas erreicht wurde oder nicht.

Je exakter und klarer die eigenen Ziele beschrieben werden, desto besser kann geplant und entschieden werden, sonst ergeht es Ihnen wie dem Seepferdchen in unserer nächsten kleinen Geschichte.

> Wer nicht weiß, wohin er will, braucht sich nicht zu wundern, wenn er ganz woanders ankommt.
> *Nach Robert F. Mager*

»*Es war einmal ein Seepferdchen, das eines Tages seine sieben Taler nahm und in die Ferne galoppierte, sein Glück zu suchen. Es war noch gar nicht weit gekommen, da traf es einen Aal, der zu ihm sagte: ›Psst. Hallo, Kumpel. Wo willst du hin?‹*

›Ich bin unterwegs, mein Glück zu suchen‹, antwortete das Seepferdchen stolz.

›Da hast du's ja gut getroffen‹, sagte der Aal, ›für vier Taler kannst du diese Flosse haben, damit kannst du viel schneller vorwärts kommen.‹

›Ei, das ist ja prima‹, sagte das Seepferdchen, bezahlte, zog die Flosse an und glitt mit doppelter Geschwindigkeit von dannen. Bald kam es zu einem Schwamm, der es ansprach: ›Psst. Hallo, Kumpel. Wo willst du hin?‹

›Ich bin unterwegs, mein Glück zu suchen‹, antwortete das Seepferdchen.

›Da hast du's ja gut getroffen‹, sagte der Schwamm, ›für ein kleines Trinkgeld überlasse ich dir dieses Boot mit Düsenantrieb; damit könntest du viel schneller reisen.‹ Da kaufte das Seepferdchen das Boot mit seinem letzten Geld und sauste mit fünffacher Geschwindigkeit durch das Meer. Bald traf es auf einen Haifisch, der zu ihm sagte: ›Psst. Hallo, Kumpel. Wo willst du hin?‹

›Ich bin unterwegs, mein Glück zu suchen«, antwortete das Seepferdchen.

›Da hast du's ja gut getroffen. Wenn du diese kleine Abkürzung machen willst«, sagte der Haifisch und zeigte auf seinen geöffneten Rachen, ›so sparst du eine Menge Zeit.‹

›Ei, vielen Dank‹, sagte das Seepferdchen und sauste in das Innere des Haifisches, um dort verschlungen zu werden.

Die Moral von der Geschichte: Wenn man nicht genau weiss, wohin man will, landet man leicht da, wo man gar nicht hinwollte.« – Siehe oben!

Robert F. Mager: Lernziele und Programmierter Unterricht. Weinheim/Basel 1971, S. XVII.

Damit Sie Ziele festlegen können, brauchen Sie zunächst jedoch eine klare Standortbestimmung: Wo stehe ich? Erst dann können Sie festlegen, wo Sie hinwollen.

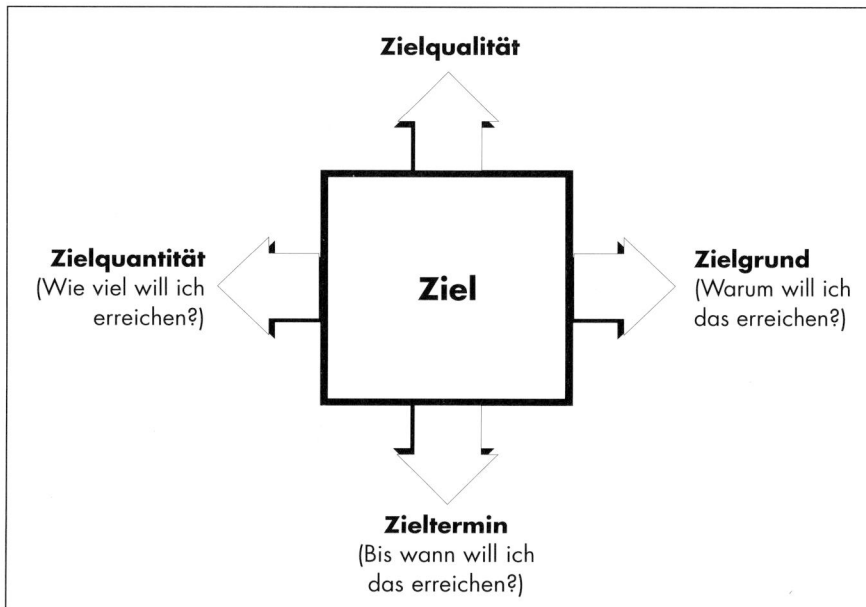

Dabei geht es bei der Zielbeschreibung zunächst um vier grundsätzliche Aspekte, die berücksichtigt werden müssen: Als Erstes wird festgelegt, warum Sie etwas erreichen wollen (Zielgrund), und gleichzeitig fassen Sie einen Endtermin (Zieltermin) ins Auge. Notwendigerweise spielt dann auch die angestrebte Menge, die Zielquantität, eine Rolle. Erst wenn diese genannten Aspekte geklärt sind, läßt sich die Zielqualität festlegen, die erreicht werden soll. Damit werden die Anforderungen bestimmt, die die »Norm« erfüllen soll.

Je exakter Sie Ihre jetzige Situation beschreiben können, umso besser können Sie Ihre Ziele planen. Wenn Sie beides nicht exakt definieren, werden Ihre Arbeitstechniken verpuffen – dann arbeiten Sie vielleicht viel (und hart), aber nicht effektiv.

31

Ziele müssen sein

Setzen Sie sich deshalb Ziele unter folgenden Prämissen:

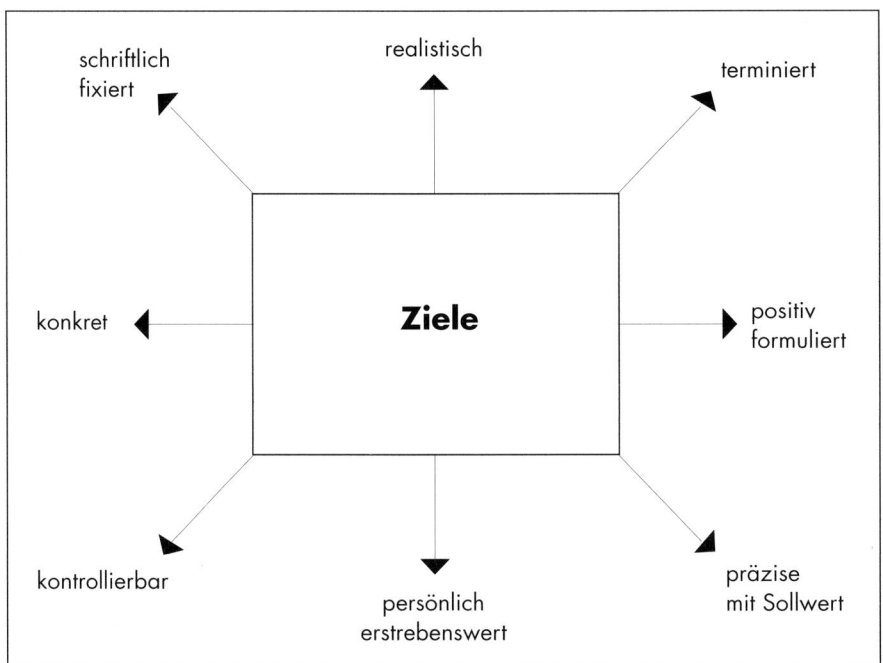

Ziele müssen messbare Eigenschaften nennen, damit wir feststellen können, ob das »Programm« den Zielen entspricht und ob es auch erreicht wurde.

Klar definierte Ziele bieten Ihnen den eindeutigen Vorteil, dass Sie an jeder Stelle, an jedem Abschnitt selbst Ihre Fortschritte beurteilen können und somit auch in der Lage sind, Abweichungen festzustellen und zu korrigieren.

Wenn wir uns bewusst Ziele setzen, richten wir alle (bewussten und unbewussten) Kräfte auf unser Tun aus. Ziele dienen somit der Konzentration der Kräfte auf den eigentlichen Schwerpunkt.

Auf neuen Wegen zu neuen Lösungen kommen wir nur dann, wenn wir etwas kritisch betrachten und mit der Realität unzufrieden sind. Unzufriedenheit ist somit der Anstoß, der überhaupt erst den Veränderungswillen auslöst.

Menschen, die *nur* die Realität sehen, werden nie etwas wirklich Neues tun und sich immer von den »Kosten« der Realisierung neuer Pläne abschrecken lassen. Menschen, die *nur* Wünsche haben, werden nie in die Realität eintauchen und ebenfalls nichts verändern. Menschen, die *nur* krititiseren (andere, sich selbst), bleiben in ihren Problemen stecken, ohne etwas zu verändern.

Wichtig erscheint demnach, diese verschiedenen Aspekte zu treffen und unabhängig voneinander zu Ende zu denken und erst dann die einzelnen (Denk-)Ergebnisse zusammenzuführen.

Als Anregung dazu:

❖ Das darf nicht mehr passieren. (Kritische Betrachtung)

❖ Das soll passieren. (Wunsch)

❖ Das werde ich tun. (Realisation)

❖ Wann, wo, wie, mit welchen Mitteln wird etwas realisert?

Konkret heißt das, als kritische Betrachtung:

❖ Ich renne hinter meiner Zeit, meinen Aufgaben her.

❖ Ich setze falsche Prioritäten.

❖ Ich verzettele mich.

Wunsch:

❖ In Zukunft wird planmäßig gearbeitet.

❖ Ich schaffe alle Aufgaben.

Realisation:

❖ Konkrete Ziele setzen.

❖ Konkrete Termine, Absprachen vereinbaren.

Daraus ergibt sich auch, dass Ziele immer positiv formuliert sein müssen, denn nur dann haben wir eine reale Chance, die Ziele auch wirklich zu erreichen.

Merke: Setzen Sie realistische, messbare Ziele.

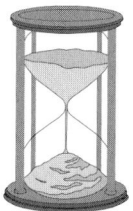

33

Zeitplanung

Zeit steht uns nicht unbegrenzt zur Verfügung, unser Zeitbudget ist begrenzt. Darum müssen wir mit der Zeit sinnvoll umgehen, das heißt diese sinnvoll (ver-)planen, um alle Aufgaben, Ziele, privaten Interessen »unter einen Hut« zu bringen.

Voraussetzung dafür ist eine Zeitplanung mit entsprechendem Überblick über alle anstehenden durchzuführenden Aufgaben. Deshalb sollten wir verbindliche und realistische Zeitvorgaben machen und konkrete Vereinbarungen treffen.

Carpe diem!
Nutze den Tag!

»*Carpe Diem!*«, sagte einst der römische Dichter *Horaz* und diese Lebensphilosophie gilt auch noch in unseren Tagen. Konsequent war es dann auch, dass schon die Römer ihre »Termine« mit einem Griffel auf Wachs schrieben und nach Erledigung alles wieder löschen konnten. Dieses war wohl der Beginn der systematischen Zeitorganisation, der »Zeitplanung«, und so könnten daraus unsere heutigen Zeitplanbücher entstanden sein.

Diese lassen sich in vier verschiedene »Haupt-Entwicklungs-Linien« unterteilen:

1) Die »*Großmann-Linie*«

Diese Betrachtungsweise hat Gustav Großmann »entwickelt«. Herzstück dieser Linie ist die monatliche Zielfindung der Erfolgsplanung. Großmann bezeichnete das Zeitplanbuch (ZPB) als »Glückstagebuch«, das dann aber in das eigentliche ZPB integriert wurde. Somit steht auch die (elfmal monatlich wiederkehrende) Dauerfrage als »Täglich wiederkehrende Verrichtung« im Mittelpunkt seiner Betrachtung.

Ein Vertreter dieser Richtung ist Manfred Helfrecht, der in seiner Betriebsanleitung ausführt: »Jeder Monat ist ein großer Baustein Ihres

Lebens. Mit dem Zielplan für den Monat können Sie weitgehend bestimmen, welche Qualität Ihr Leben hat.«

2) *»Selbstorganistionssysteme«*

Im Vordergrund steht unbedingt die Zeit- und Aufgabenorganisation. Zu dieser Gruppe gehören »Time/system«, »ICUS-Timer« u.a., die hauptsächlich ihre Zeitplanbücher im DIN-A5-Format vertreiben. Das System zeichnet sich durch eine klare Gliederung der Leitkarten (Formblätter) aus. Time/system bezeichnet die »Aktivitäten-Checkliste« als die wichtigste im System. »Mit dieser Checkliste beginnt geplantes und erfolgreiches Arbeiten.« Ein weiteres Zitat aus der Betriebsanleitung: »Sie nimmt – in Stichworten – alles auf, was Sie demnächst bearbeiten wollen, woran Sie denken müssen, was Sie delegiert haben ...«.

> »Die Würde des Menschen besteht in der Wahl.«
> *Max Frisch*

3) Die »*MbO-Linie*« (Führung durch Zielvereinbarung)

Die dänische Firma »Time-Manager-International« als ein wesentlicher Vertreter dieser Linie stellt die ergebnisorientierte Planung als *das* Instrumentarium in der Vordergrund, mit dem umfassenden Ansatz: vom »Was-Teil«, den Entscheidungsgrundlagen als Tätigkeiten, zum »Wann-Teil« als ausführender Funktion.

4) Die »*Die Löhn-Methode*«

Diese Linie wird von ihrem »Erschaffer«, Professor Johann Löhn, als gestraffte Selbstmanagementmethode bezeichnet. Er gliedert sein Zeitplanbuch in sechs »Abteilungen« und trennt diese wiederum in Ziele und Tun auf.
(Siehe dazu auch: Werner Roth: Zeitmanagement-Methoden auf dem Prüfstand. Springe 1993.)

Wie immer Sie auch Ihre eigene Zeit-, Ziel- und Organisationsplanung vornehmen wollen, die Gesamtplanung orientiert sich stets an der Ziel- und Zeitplanung – und hier zunächst an den Langzeitzielen. Diese werden dann in konkrete (operative) Teilziele heruntergebrochen.

Konkret sieht eine Zeitplanung auf ein Jahr bezogen dann folgendermaßen aus:

Ziel- und Zeitplanung

Jahresübersicht

  ❖ Für feste Termine, die nicht in die Tagesblätter eingetragen werden: zum Beispiel Besuchstermine, Messen, Ausstellungen etc. (als Gesamtübersicht).

Aufgabenverfolgungsplanung

  ❖ Für alle Aufgaben, auch wenn sie noch nicht terminiert sind.

Wochen-/Blockplanung

  ❖ Für Aufgaben, die in einer bestimmten Woche zu erledigen sind, für die aber kein Tag feststeht.

Tagesplanung

  ❖ Für Aufgaben, die man an einem bestimmten Tag erledigen *muss*.

Sie kennen sicher die folgende Situation: Sie fahren abends vom Büro nach Hause und auf dem Heimweg fällt Ihnen so manches ein, was Sie am nächsten Tag alles auf jeden Fall erledigen müssen. Das geht so bis vor die Haustür; aber auch zu Hause lässt Ihnen dieses keine Ruhe. Immer wieder geht es Ihnen durch den Kopf: »... auf keinen Fall darf ich vergessen, dass ich ...« Der Abend ist somit »gelaufen«, da Ihr Kopf nicht frei werden will von diesen noch zu erledigenden Aufgaben. Aber am nächsten Morgen im Büro ist alles wie weggeblasen! Was war da noch eigentlich? – Sie wissen, dass Sie etwas Wichtiges zuerledigen hatten, nur – was war das noch?

Organisation und Planung bedeuten stets die Vorbereitung der Zielerreichung, vor allem aber die Erfassung der zu erledigenden Aufgaben.

Als ersten Schritt zur individuellen Planung erfassen Sie deshalb alle Aufgaben und Aktivitäten, die Sie als langfristige Arbeiten (irgendwann) zu erledigen haben (siehe Formblatt auf Seite 38).

Die Leitkarte (das Formblatt) ist Ihr »Aufgabenpool«, die Liste für Ihre Gesamtaufgaben. Notieren Sie, was Sie wann erledigt haben müssen. Wann immer Ihnen Aufgaben einfallen, werden diese hier notiert. Damit erreichen Sie dreierlei:

❖ Die Zettelwirtschaft gehört bei Ihnen der Vergangenheit an.

❖ Sie werden keine Aufgaben mehr vergessen.

❖ Ihr Kopf wird frei für andere Dinge.

Der Zeitrahmen, bis wann diese Dinge erledigt sein müssen, liegt in diesen Fällen noch nicht so genau fest oder ist noch in »weiter« Ferne. Auf diese Art erhalten Sie eine Übersicht – sozusagen Ihr »Zukunftsgedächtnis« – über alle von Ihnen geplanten Langfristaufgaben.

Wenn Sie so vorgehen, hat das den Vorteil, dass keine Dinge mehr vergessen werden und vor allem Ihr Kopf frei wird für wichtigere Sachen.

Als Nächstes sollten Sie sich ein Formblatt »zulegen«, das Sie als Ihre zukünftige »Zettelbox« betrachten (Beispiel auf Seite 39).

Die bisher von Ihnen eventuell benutzten (Notiz-)Zettel gehören somit der Vergangenheit an.

Ordnen Sie Ihre Aufgaben, die Sie in der kommenden Woche erledigen wollen, und tragen Sie diese in entsprechende Rubriken ein. So haben Sie einen Überblick über die Aufgaben (Aktivitäten) der ganzen Woche, die Sie erledigen wollen, die aber nicht zeitgebunden sind. Ob Sie das dort aufgeführte Telefonat oder den Brief schon am Montag oder erst am Donnerstag oder Freitag führen bzw. schreiben, ist letztendlich gleichgültig, Hauptsache, es wird in der festgelegten Woche erledigt.

Merke: Planung und Organisation dienen zur Vorbereitung der Zielerreichung.

Formblatt
Aufgabenplaner

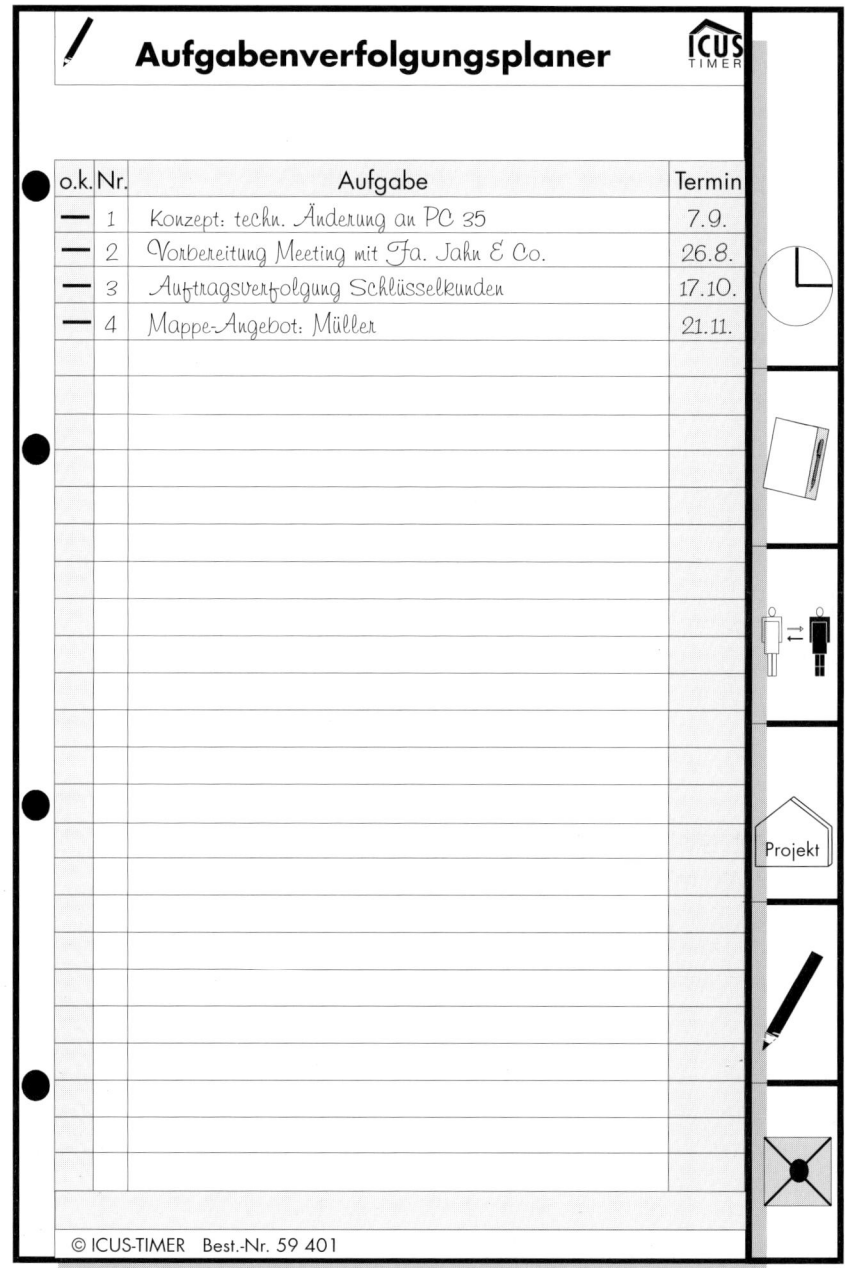

Aufgabenverfolgungsplaner

ICUS TIMER

o.k.	Nr.	Aufgabe	Termin
—	1	Konzept: techn. Änderung an PC 35	7.9.
—	2	Vorbereitung Meeting mit Fa. Jahn & Co.	26.8.
—	3	Auftragsverfolgung Schlüsselkunden	17.10.
—	4	Mappe-Angebot: Müller	21.11.

© ICUS-TIMER   Best.-Nr. 59 401

Formblatt Zettelbox

Wochen-/Blockplaner

ICUS TIMER

11. KW   Woche vom: 03. März   bis: 07. März

Telefonate	Konferenzen/Besprechungen
VL Hr. Müller: Ang. Jixdorf	Vorbereitung Konferenz-Raum
Hr. Bäumler: Termin o.k.	Tagungsunterlagen: Fr. Schulze
Fa. Mayer & Co.: Angb. kommt	
Hr. Brinkert – Fa. Dualle:	
Best. Disketten?	

Korrespondenz	Verabredungen/Meetings
RA Weber: Absage Bewerbung	Hr. Dr. Bude: Term. vereinb.
Fa. Wagner: Angebot unterbreit.	Otto: Mittagessen Mo – Do ?
	(mit ihm absprechen)

Projekte	Sonstiges
Angebot Turbo-Jet: ➡ bis Fr.	Blumen für Erika
Mengengerüst	
Preisstaffel	
Ausführung	

Projekt

© ICUS-TIMER   Best.-Nr. 59 402

Sie haben nun eine genaue Aufstellung der in dieser Woche zu erledigenden Aufgaben und können diese auf die einzelnen Tage der Woche so verteilen, wie Sie diese von der »freien« Zeit des jeweiligen Tages her erledigen können.

Bevor wir nun zur konkreten Tagesplanung kommen, sollen vorher noch einige grundlegende Gedanken erörtert werden.

Prioritäten setzen

Eines der Hauptprobleme ist der ständige Versuch, zu viel auf einmal zu tun, und die Gefahr, sich in einzelnen Aufgaben zu verzetteln. Am Ende eines harten Arbeitstages steht oft die Erkenntnis, dass man zwar viel gearbeitet hat, wichtige Dinge aber oft liegen bleiben oder nicht fertig gestellt worden sind.

Vielleicht kennen Sie folgende kleine Geschichte, die nicht ganz ernst gemeint ist, uns aber noch einmal deutlich den Unterschied zwischen Effektivität und Effizienz aufzeigt – die richtige Arbeit zu tun, anstatt die Arbeit richtig zu tun:

> *Ein Spaziergänger trifft im Wald auf einen Waldarbeiter, der hastig, eifrig und schwitzend damit beschäftigt ist, einen bereits gefällten Baumstamm zu zersägen. Er tritt näher heran, um zu sehen, warum der Holzfäller sich so abmüht, und sagt dann: »Entschuldigen Sie, aber mir ist da etwas aufgefallen – Ihre Säge ist ja total stumpf! Wäre es nicht besser, diese einmal zu schärfen, bevor Sie weitermachen?«*
>
> *Darauf der Waldarbeiter stöhnend: »Dafür habe ich keine Zeit – ich muss sägen!«*

Erfolgreiche Menschen zeichnen sich u.a. dadurch aus, dass sie sowohl viele Dinge als auch ganz verschiedene Tätigkeiten erledigen, indem sie sich während einer bestimmten Zeit *nur einer einzigen Aufgabe widmen*, diese jedoch konsequent und zielbewusst verfolgen. Voraussetzung dafür ist, eindeutige Prioritäten festzulegen und sich daran auch zu halten. Eine Wertanalyse der Zeitverwendung zeigt, dass die Anteile von sehr wichtigen, von wichtigen und von weniger wichtigen Aufgaben in der tatsächlichen Zeitverwendung nicht unbedingt ihrem Anteil am Wert aller Aufgaben für die Erfüllung einer bestimmten Funktion entsprechen (siehe dazu *Prioritätensetzung*, S. 45 f., und das *Pareto-Prinzip*, S. 47 f.).

Das heißt, wir beschäftigen uns zu lange mit den weniger wichtigen Aufgaben, anstatt die Aufgaben zu erledigen, die wirklich wichtig sind und Nutzen bringen.

> »Der Schwache, der seine Kräfte konzentriert, besiegt den Starken, der seine Kraft verzettelt.«
>
> *Chinesisches Sprichwort*

Konzentrieren Sie Ihre Kräfte und Energien auf Ihr lohnenswertes Ziel, so wie die Sonnenstrahlen in einem Brennglas ein ganzes Feuer entfachen können. Mit der richtigen Prioritätensetzung erreichen Sie Ihre Ziele leichter und mit geringerem Aufwand als vorher. Die Lehre der »energo-kybernetischen Strategie« (EKS) nach Wolfgang Mewes weist nach, wie durch Kräftekonzentration eine kybernetische[1] Erfolgsspirale verursacht werden kann: In dem Maße, wie sich ein Mensch oder ein Unternehmen auf das jeweils brennendste Problem (s)einer Zielgruppe konzentriert und damit einen größeren Nutzen als andere bietet, entstehen Synergieeffekte[2] in Richtung einer positiven Aufwärtsspirale.

Die beiden wichtigsten Prinzipien der EKS-Strategie für einen optimalen Energieeinsatz sind:

❖ das Prinzip der Konzentration der Kräfte (»Nicht kleckern, sondern klotzen!«),

❖ die Orientierung auf den kybernetisch wirkungsvollsten Punkt (Engpass, Dominanz des Minimumfaktors).

Den »richtigen« Prioritäten kommt somit eine entscheidende Bedeutung zu:

Sie konzentrieren Ihre Energien auf Ihren Erfolg!

---

1 Kybernetik: »Forschungseinrichtung, die vergleichende Betrachtungen über Gesetzmäßigkeiten im Ablauf von Steuerungs- und Regelungsvorgängen in Technik, Biologie und Soziologie anstellt.« Meyers Enzyklopädisches Lexikon, Mannheim 1980

2 Synergieeffekt: »Positive Wirkung, die sich aus dem Zusammenschluss oder der Zusammenarbeit zweier Unternehmen o.Ä. ergibt.«

Zwei Schlüsselfragen helfen Ihnen, Prioritäten bei Ihrer Arbeitstechnik schnell und sicher zu setzen. Fragen Sie sich stets bei der Planung Ihrer nächsten Arbeitsschritte:

❖ Welche Aufgabe bringt mich jetzt meinen langfristigen Zielen einen Schritt näher?

Damit bleiben Sie Ihren Zielen auf der Spur. Ihr Erfolg wird planbar – vorausgesetzt, Sie haben Ihre Ziele übersichtlich in Einzelaktivitäten aufgeteilt.

❖ Bei welcher Aufgabe steht das meiste Geld auf dem Spiel?

Damit trennen Sie schnell die Spreu vom Weizen und konzentrieren sich auf das für Sie wirklich Wichtige.

Nicht alles, was auf den ersten Blick nach Muss aussieht, muss auch wirklich sofort getan werden. Es gibt eine »Ordnung« in der Fülle der Aufgaben und Tätigkeiten, und diese »Ordnung« müssen Sie sich selbst schaffen.

Nehmen wir einmal an, Sie sitzen an Ihrem Schreibtisch und haben einen ganzen Stoß von Papieren, von Arbeit vor sich. Dann stellt sich doch folgende Frage:

Was muss ich davon alles (sofort) erledigen?

Es geht also um die Schaffung eines Ordnungsprinzips – um die Schaffung von Prioritäten. Prioritäten sind aber immer subjektiv, das heißt, sie hängen von Ihrem eigenen Ordungssystem ab und können nicht von anderen vorgegeben werden.

Deshalb müssen zunächst die folgenden Fragen nach den Prioritäten von Ihnen selbst geklärt werden:

Was zuerst tun:

❖ das Angenehme?

❖ das Schwierige?

❖ das Interesssante?

❖ was oben liegt?

❖ das Zufällige?

Merke: Das Gewicht aufgeschobener Arbeit nimmt von Tag zu Tag zu!

Oder:

❖ das Wichtigste?

Ferner sollten Sie sich folgende Fragen zur Planung Ihres Tagesablaufes stellen:

❖ Womit soll man beginnen?

❖ Was soll man zuerst tun?

❖ In welcher Reihenfolge sollte man es tun?

Das *Angenehme* zuerst tun, das ist nur kurzfristig angenehm, denn damit verdrängen wir das Unangenehme und das belastet.

Das *Schwierige* zuerst tun wird von vielen bevorzugt. Aber hier kann es sein, dass man nicht weiterkommt, sich selbst damit demotiviert.

Das *Interessanteste* zuerst. Ja, das kennen Sie. Jeder hat so seine Lieblingsprojekte, mit denen er sich besonders intensiv beschäftigt. Folge: Die Zeit wird knapp.

Was oben liegt zuerst, das ist eine einfache Methode. Aber einfache Methoden sind nicht unbedingt die besten. Wichtiges kann vergessen werden, wenn man sich immer auf das Neue stürzt. Ja, und dann gibt es noch die Methode Waschkorb, aus dem ich mir *zufällig* irgendetwas herausangele.

Glauben Sie nicht auch, dass all diese Methoden auf Dauer nicht das Wahre sind?

> »Es ist besser, die richtige Arbeit zu tun, als eine Arbeit richtig zu tun.«
> Peter F. Drucker

Es kann eigentlich nur eine Maxime geben, die dauerhaft zufriedenstellt und vom Stress befreit: *Das Wichtigste zuerst.* Nur das wirklich Wichtige darf die Reihenfolge der Arbeit bestimmen.

Deshalb: *Prioritäten setzen.*

Prioritätensetzung heißt, darüber zu entscheiden, welche Aufgaben erstrangig, zweitrangig etc. und welche nachrangig zu behandeln sind. Aufgaben mit höchster Priorität müssen zuerst erledigt werden.

ABC-Analyse und Prioritätensetzung

A-Aufgaben	sind die wichtigsten Aufgaben, die erledigt werden müssen. Sie können von der betreffenden Person nur allein oder im Team verantwortlich durchgeführt werden (nicht delegierbar) und sind für die Erfüllung der ausgeübten Funktion von größtem Wert.
B-Aufgaben	sind zwar wichtige Aufgaben, die aber auch delegiert werden können oder sogar müssen.
C-Aufgaben	sind die Aufgaben vom geringsten Wert für die Erfüllung einer Funktion, haben jedoch den größten Anteil an der Menge der Arbeit (Routinearbeiten, Papierkram, Lesen, Telefonieren, Akten, Korrespondenz und andere Verwaltungsarbeiten). Diese hätten zur Erledigung noch Zeit, aber irgendwann werden aus diesen *C-Aufgaben* aufgrund des doch bestehenden Termins (Termindrucks) *A-Aufgaben*.

Vorteile der Prioritätensetzung

Durch Aufstellung einer Rangfolge Ihrer Aufgaben stellen Sie sicher, dass Sie

❖ zunächst nur an wichtigen und notwendigen Aufgaben arbeiten,

❖ die Aufgaben gegebenenfalls auch nach ihrer Dringlichkeit bearbeiten,

❖ sich jeweils nur auf eine Arbeit konzentrieren,

❖ die gesetzten Ziele unter den gegebenen Umständen noch am besten erreichen,

❖ alle Aufgaben ausschalten und delegieren, die von anderen durchgeführt werden können,

❖ am Ende der Planungsperiode (z.B. eines Arbeitstages) zumindest die wichtigsten Dinge erledigt haben,

Merke: Arbeiten Sie effektiv, setzen Sie Prioritäten.

45

❖ die Aufgaben, an denen Sie und Ihre persönliche Leistung gemessen werden, nicht unerledigt liegen lassen.

Die positiven Auswirkungen:

❖ Termine werden eingehalten.

❖ Arbeitsablauf und Arbeitsergebnisse werden befriedigender.

❖ Kunden, Mitarbeiter, Kollegen und Vorgesetzte werden zufriedener.

❖ Konflikte werden vermieden.

❖ Sie selbst werden zufriedener und vermeiden unnötigen Stress.

Selbstverständlich bedeutet die ABC-Prioritätensetzung nicht, nur noch A-Aufgaben zu erledigen und auf die C-Aufgaben gänzlich zu verzichten, sondern alle diese Aktivitäten durch Prioritätensetzung in eine ausgewogene Relation, richtige Rangordnung und Reihenfolge für die Tageserledigung zu bringen.

So steuern Sie aktiv Ihren Arbeitsablauf, konzentrieren sich auf die jeweils wesentlichen Dinge und vermeiden Konflikte und unnötigen Stress. Viele Manager ziehen es jedoch vor, Dinge nur richtig zu tun (Tätigkeitsorientierung), anstatt die richtigen Dinge zu tun (Zielorientierung).

Wenn Sie auf diese Weise Ihre Tagesziele erreicht haben und trotz Störungen und unvorhergesehener Dinge noch Zeitreserven haben, können Sie dann neu entscheiden, wie und wofür Sie diese Zeit verwenden wollen.

Das Pareto-Prinzip

Das Pareto-Prinzip, benannt nach dem italienischen Nationalökonomen *Marquis Vilfredo Pareto (1848–1923)*, besagt ganz allgemein, dass bedeutende Dinge in einer gegebenen Gruppe normalerweise einen relativ kleinen Anteil der Gesamtdinge in der Gruppe ausmachen.

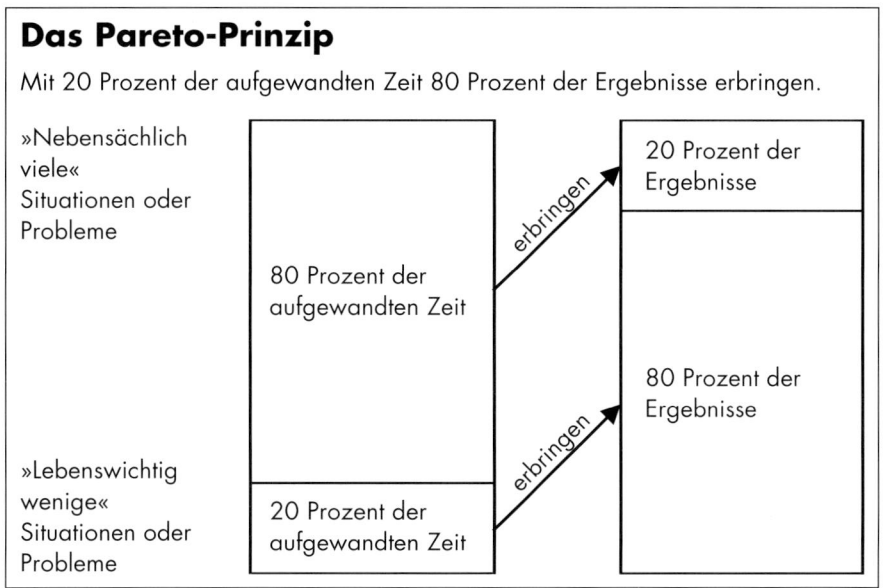

Das Pareto-Prinzip

Mit 20 Prozent der aufgewandten Zeit 80 Prozent der Ergebnisse erbringen.

»Nebensächlich viele« Situationen oder Probleme

80 Prozent der aufgewandten Zeit

erbringen

20 Prozent der Ergebnisse

80 Prozent der Ergebnisse

»Lebenswichtig wenige« Situationen oder Probleme

20 Prozent der aufgewandten Zeit

erbringen

So haben beispielsweise amerikanische Techniker bei der Anwendung des Pareto-Prinzips die Entdeckung gemacht – es ging dabei um eine Inventurkontrolle –, dass *20 Prozent der Bestände 80 Prozent des Wertes* ausmachen.

Weitere Beispiele aus der betrieblichen Praxis bestätigen die Pareto-These:

❖ 20 Prozent der Kunden bringen 80 Prozent des Umsatzes (in der Praxis zeigt sich dieser Sachverhalt darin, dass fast jede Firma mindestens einen Großkunden hat, der auch einen entsprechend hohen Umsatz bringt); umgekehrt bringen etwa 80 Prozent der Kunden nur ca. 20 Prozent des Umsatzes (das sind die vielen Kleinkunden, die zwar insgesamt auch zum Umsatz beitragen, aber eben nur in geringem Maße).

❖ »Nur« 20 Prozent der Fehler sind so gravierend, dass sie 80 Prozent des Ausschusses verursachen, aber demgegenüber verursachen immerhin noch 80 Prozent der Fehler 20 Prozent des Ausschusses.

»Das Leben bedeutet eine fast lückenlose Reihe persönlicher Entdeckungen.«
Gerhart Hauptmann

Im Zusammenhang mit dem Pareto-Prinzip wird auch häufig von der

20:80-Regel

gesprochen, was auf die Arbeitssituation bezogen heißt, dass

❖ mit 20 Prozent der Zeit und der Energie rund 80 Prozent der Aufgaben bewältigt werden können, die für den Erfolg maßgebend sind,

und

❖ die restlichen 80 Prozent der aufgewandten Zeit nur noch 20 Prozent der Gesamtleistung erbringen.

Legen Sie deshalb Aufgaben, die wichtig sind, die viel Aufwand erfordern und vor allem Energie benötigen, in die Stunden mit der höchsten Leistungsfähigkeit.

Daraus ergibt sich die Erkenntnis, dass wir bei der täglichen Arbeit nicht zuerst die leichtesten und »liebsten« (weil interessantesten) Arbeiten, die am meisten Zeit beanspruchen, in Angriff nehmen müssen, sondern die Schwerpunkte nach deren Bedeutung und Wichtigkeit festlegen sollten: Wenige wichtige Dinge bzw. Aufgaben haben Vorrang vor den »nebensächlich vielen« Aufgaben, vor den sogenannten Kleinigkeiten – dem Kleinkram. Dieser lenkt oft nur ab und bringt uns unserem Ziel nicht wesentlich näher!

> »Die richtigen Dinge tun, statt (nur) Dinge richtig tun.«
> Peter F. Drucker

Wer das Pareto-Prinzip in der Praxis anwenden will, muss sich zunächst Klarheit darüber verschaffen, welche Tätigkeiten wichtig und welche weniger wichtig sind bzw. welche der Aufgaben dringend sind und aus Termingründen sofort bearbeitet werden müssen. Ein probates Mittel dazu ist die *ABC-Analyse – ABC-Prioritätensetzung*.

Wichtige Prinzipien

Zur Verdeutlichung dessen, was wir mit Prioritäten und Prinzipien meinen, sei die »25.000-$-Geschichte« von Charles M. Schwab, Präsident der Bethlehem Steel, erzählt.

Er stellte Ivy Lee, einen Unternehmensberater, vor eine ungewöhnliche Aufgabe:

»Zeigen Sie mir eine Möglichkeit, meine Zeit besser zu nutzen«, sagte er. »Wenn sie funktioniert, zahle ich Ihnen jedes Honorar innerhalb vernünftiger Grenzen.«

Lee gab Schwab ein Blatt Papier und sagte:

»Schreiben Sie die wichtigsten Dinge, die Sie morgen zu erledigen haben, auf, und nummerieren Sie diese in der Reihenfolge Ihrer Bedeutung durch. Fangen Sie dann morgen früh als erstes mit der Aufgabe Nr. 1 an und bleiben Sie so lange daran sitzen, bis sie erledigt ist. Überprüfen Sie Ihre Priorität noch einmal und fangen Sie dann mit Nr. 2 an und gehen Sie nicht weiter, bis Sie diese erledigt haben. Dann gehen Sie zu Nr. 3 über etc.

Auch wenn Sie Ihren Zeitplan nicht erfüllen können, ist dies nicht tragisch. Am Ende des Tages werden Sie wenigstens die allerwichtigsten Dinge erledigt haben, bevor Sie von Aufgaben von geringerer Wichtigkeit in Anspruch genommen werden. Der Schlüssel dazu ist, es täglich zu tun: Überprüfen Sie die relative Wichtigkeit von Aufgaben, die Sie zu erledigen haben, entscheiden Sie über Prioritäten, listen Sie diese in einem Tagesplan auf und halten Sie sich daran. Machen Sie dies zu einer Gewohnheit für jeden Arbeitstag. Wenn Sie sich von dem Wert dieses Systems überzeugt haben, geben Sie es an Ihre Mitarbeiter weiter. Versuchen Sie es, so lange Sie wollen, und dann schicken Sie mir einen Scheck über den Betrag, der Ihnen dieser Tip wert ist.«

Merke: Was man nicht zu machen braucht, braucht man auch nicht gut zu machen!

Einige Wochen später schickte Schwab an Lee einen Scheck über 25.000 Dollar. Schwab sagte später, dass die Lektion die gewinnreichste sei, die er jemals in seiner Managementkarriere gelernt habe.

(R.A. Mackenzie: Die Zeitfalle. Heidelberg 1974, S. 41ff.)

Prioritätensetzung heißt, sich eine Rangfolge für seine zu erledigenden Aufgaben zu schaffen.

Was tun, um das Wichtige rechtzeitig zu erledigen? Dazu führt Ruppert Lei folgendes aus:

49

»Um Erfolg zu haben, genügt es nicht, nur zu arbeiten, nur fleißig zu sein. Wirtschaftlich sinnvoll und damit erfolgreich zu arbeiten ist nur möglich, wenn drei Prinzipien eingehalten werden.

1) *Sich ein eindeutiges und erreichbares Ziel setzen und darauf hinarbeiten.*

In der Praxis heißt das, dass es immer Dinge geben wird, die uns im Augenblick noch wichtiger erscheinen. In dieser Situation muss jeder prüfen, ob es nicht nützlicher ist, auf das gesetzte Ziel hinzuarbeiten. Der dazu notwendige Zeitbedarf muss realistisch geplant werden; eingebaute Zeitpuffer helfen, Unvorhergesehenes abzufangen.

2) *Sich eine Rangordnung für die Arbeit schaffen.*

Ganz gleich, was und wo man arbeitet, man kann nicht alles auf einmal erledigen. So weit wie möglich ist die Arbeit nach der persönlichen Rangordnung einzuteilen. Rahmen dafür muss die persönliche Zielsetzung sein. Als vernünftig und praktikabel hat sich die folgende Rangordnung erwiesen.

Rang 1: *Was bringt mich meinem Ziel näher? Was ist für das Erreichen meiner Ziele besonders wichtig?*
Rang 2: *Wo steht das meiste Geld auf dem Spiel?*
Rang 3: *Was will mein Chef schnell erledigt wissen?*
Rang 4: *Wo muss ich etwas tun, damit andere weiterarbeiten können?*

3) *Zeitbewusst und zeitempfindlich werden.*

Jeder hat das Recht und die Pflicht, sein »Zeitkapital« vor Dieben zu schützen. Es lohnt sich, darüber nachzudenken, wie viel Prozent des gar nicht so großen persönlichen Zeitkapitals verloren geht, wenn man am Tag nur eine Stunde mit Kollegen verschwatzt. Zeitdiebe sitzen überall. Der größte Zeitdieb ist meistens jeder selbst: wenn man unorganisiert, ziel- und planlos, also ohne die drei genannten Prinzipien, arbeitet.«

(Ruppert Lei: pharma forum 10/76.)

Eisenhower-Prinzip

Unsere Energie wird häufig durch dringliche, aber weniger wichtige Dinge in Anspruch genommen. Eine wichtige Aufgabe dagegen muss selten sofort erledigt werden. Stellen Sie sich deshalb folgende Fragen:

❖ Neige ich dazu, von einer »dringenden« Aufgabe zur nächsten zu eilen?

❖ Bleiben dadurch die wichtigen Aufgaben liegen?

Eine auf den US-General *Dwight Eisenhower* zurückgehende Entscheidungsregel ist zur Beantwortung der gestellten Fragen ein einfaches, praktisches Hilfsmittel. Er unterscheidet zwischen »*wichtig*« und »*dringend*«, das heißt, nicht alle Aufgaben, die wichtig sind, sind auch dringend. Wichtig sind z.B. alle Aufgaben, die »Geld« bringen, dringend sind die Tätigkeiten, die wegen eines Termins erledigt werden müssen.

Vier Aspekte zur Prioritätensetzung nach Eisenhower:
– *Wichtig und dringlich – sofort bearbeiten.*
– *Wichtig, aber nicht dringlich – terminieren, damit sie nicht zum Terminproblem werden.*
– *Dringlich, aber nicht wichtig – bearbeiten, so bald als möglich.*
– *Weder wichtig noch dringlich – Ablage »P« (wie Papierkorb).*

51

1) *Wichtige und dringliche Aufgaben* – Feld I

    Diese müssen von Ihnen selbst sofort angegangen und erledigt werden. Es steht also Geld »auf dem Spiel« und gleichzeitig ist ein (kurzfristiger) Termin gesetzt.

2) *Wichtige, aber nicht dringliche Aufgaben* – Feld II

    Aufgaben dieser Kategorie müssen nicht gleich erledigt werden, können also noch warten. Zum Problem können diese Aufgaben aber dann werden, wenn sie früher oder später dringlich werden und dann in kürzester Zeit erledigt werden müssen.

3) *Dringliche, aber nicht wichtige Aufgaben* – Feld III

    Diese Aufgaben haben einen vorgegebenen, festen Termin. Aber es besteht auch die Gefahr, sich von der »Tyrannei des Dringenden« verstricken zu lassen, andere, »wichtigere« Dinge bleiben deshalb liegen.

Ein guter Rat:

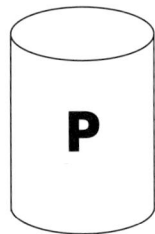

Benutzen Sie öfter die »runde« Ablage!

4) *Weniger dringliche bzw. weniger wichtige Aufgaben* – Feld »P«

    Sehr häufig werden Aufgaben dieser Kategorie auf dem oft ohnehin überhäuften Schreibtisch abgeladen. Wenn Sie erst einmal angefangen haben, sich mit der Erledigung dieser Arbeiten zu befassen und darüber die Aufgaben der ersten Kategorie vernachlässigen, brauchen Sie sich über Arbeitsüberlastung nicht zu wundern. Selbst Ihre Mitarbeiter sollen Sie mit Aufgaben dieser Art nicht in Anspruch nehmen.

Je nach hoher oder niedriger Dringlichkeit bzw. Wichtigkeit einer Aufgabe lassen sich die dargestellten Möglichkeiten der Bewertung und Erledigung unterscheiden und Prioritäten setzen. Was aber hier auf dem Papier so einfach aussieht, ist in der Praxis oft sehr schwierig zu handhaben.

Tagesplanung

Den ganzen Arbeitstag minutiös und detailliert zu verplanen ist sicher nicht richtig. Es kommen stets unvorhergesehene Dinge dazwischen: Aufgaben, Besprechungen etc. dauern länger als ursprünglich geplant usw.

Deshalb gibt es eine weitere Grundregel, die Sie beachten sollten: Bauen Sie »Puffer« mit ein. Das heißt, verplanen Sie grundsätzlich nur 60 Prozent der Ihnen zur Verfügung stehenden Zeit und lassen Sie 40 Prozent zur »Reserve« für zwei Dinge, die Ihren Arbeitsplan (auch bisher schon) durcheinander brachten:

1) Störungen und Unterbrechungen (dafür setzen Sie 20 Prozent an):
   – Das Telefon klingelt,
   – Besucher kommen unangemeldet,
   – Ihr Chef möchte zusätzlich etwas erledigt haben usw.

2) Für Aufgaben, die länger dauern als geplant, weil Sie erst während der Arbeit feststellen konnten, dass Ihnen Unterlagen, Informationen etc. fehlen, die nun erst beschafft werden müssen.

Grundlagen zur Zeitplanung
❖ Ungefähr 60 Prozent geplante Aufgaben,
❖ etwa 20 Prozent Unterbrechungen, Störungen (unerwartete Aktivitäten),
❖ etwa 20 Prozent für nicht planbare, länger dauernde Aufgaben.

Arbeitszeit		
60 Prozent geplant	20 Prozent Unterbrechungen	20 Prozent nicht planbar

(Siehe auch Lothar J. Seiwert, 1987, S. 90.)

Ein Tagesplan sollte immer nur das enthalten, was Sie an diesem Tag auch tatsächlich abarbeiten können. Das sind zum einen Ihre Termine, die Sie haben, und zum zweiten das, was Sie an diesem Tag erledigen müssen. Achten Sie dabei auf Ihre gesetzten Ziele, denn die müssen auch erreichbar bleiben. Nur so konzentrieren und mobilisieren Sie auch Ihre Kräfte darauf, diese zu erreichen.

Deshalb schlagen wir Ihnen die nachfolgende Methode vor, die relativ einfach ist und nach kurzer »Einarbeitungszeit« nicht mehr als etwa zehn Minuten tägliche Planungszeit erfordert.

Alpen-Methode

Die fünf Stufen umfassen im einzelnen:

Fünf Stufen einer systematischen Zeitplanung

1. Stufe	**A**	=	Alle Aufgaben auflisten: Termine, Tagesarbeiten
2. Stufe	**L**	=	Länge der Tätigkeiten (Zeiten) festlegen
3. Stufe	**P**	=	Pufferzeiten für Unvorhergesehenes (60:40-Regel) vorsehen
4. Stufe	**E**	=	Entscheidung über Prioritäten treffen
5. Stufe	**N**	=	Nachkontrolle durchführen – Unerledigtes übertragen (Zeitplanbuch)

Als Gedächtnisstütze für Ihre systematische Zeitplanung bietet sich dann daraus aufgrund der Anfangsbuchstaben an:

ALPEN.

1. Stufe: Aufgaben auflisten

❖ Halten Sie schriftlich fest, was am nächsten Tag alles erledigt werden muss:

    – vorgesehene Aufgaben und Termine (aus dem Aufgabenverfolgungsplan bzw. dem Wochen-Blockplan),

    – eventuell noch Unerledigtes vom Vortage,

    – neu hinzukommende Tagesarbeiten,

    – periodisch wiederkehrende Aufgaben.

❖ Um mit dem begrenzten Platz auf den Tagesplanungsblättern auszukommen, verwenden Sie eigene Abkürzungssymbole für Ihre entsprechenden Aufgaben:

A	Angebote
B	Besprechungen
D	Delegationsvorgänge
K	Korespondenz
P	Post
R	Reisen
S	Schreibbüro
T	Telefonate
WV	Wiedervorlagen
Z	Zeitschriften etc.

Ein realistischer Tagesplan muss immer auf das reduziert werden, was Sie tatsächlich auch bewältigen können.

Nach kurzer Übungszeit können Sie Ihre Aufgabenzusammenstellung gleich so einteilen, dass Sie

❖ Ihre Aufgaben schon so aufschreiben, dass sie eine erste Rangfolge bilden,

❖ Ihre Aufgaben nach arbeitsintensiven und weniger arbeitsaufwendigen Arbeiten gliedern,

❖ alle Aufgaben, die nur durch Ihren persönlichen Kontakt mit anderen erledigt werden können, auf rationellere Möglichkeiten der Erledigung überprüfen (z.B. Telefonieren).

2. Stufe: Länge der Tätigkeiten festlegen

❖ Zu jeder Ihrer einzelnen Aufgaben (Tätigkeiten) legen Sie den dafür in etwa aufzuwendenden Zeitbedarf fest und ermitteln dann die Gesamtzeit für diesen Tag.

❖ Überprüfen Sie den von Ihnen festgelegten Zeitbedarf noch einmal und *kürzen* Sie eventuell einige Zeiten auf das *unbedingt Notwendige*; versuchen Sie aber dabei realistisch zu bleiben!

Vielleicht werden Sie hier nun einwenden, dass sich die Zeitdauer der einzelnen Tätigkeiten nicht genau festlegen lässt. Sicher haben Sie da Recht und es ist auch nicht notwendig, auf die »Minute« genau diese Zeiten anzugeben. Sie haben jedoch nach einiger Zeit der Praxis Erfahrungswerte, die Sie für Ihre Zeitplanung nutzen können. Auch Unternehmen sind bei allen Prognosen und zukünftigen Aktivitäten stets auf Schätzungen über zukünftige Absatzmärkte, Umsatzzahlen und Kostenzusammenstellungen angewiesen.

Weitere Gesichtspunkte zu diesem Aspekt sind hierzu noch wichtig:

❖ Für eine Arbeit wird oft so viel Zeit investiert, wie Zeit gerade zur Verfügung steht.

❖ Wenn Sie aber konkrete Vorgabezeiten für Ihre Aufgaben festlegen, so zwingen Sie sich selbst dazu, diese auch einzuhalten. Dadurch werden Sie konzentrierter arbeiten und unterbinden dadurch auch (eigene und fremde) Störungen.

❖ Probieren Sie diesen Ratschlag aus und Sie werden merken, dass Sie intensiver arbeiten können und dabei immer sicherer werden.

3. Stufe: Pufferzeiten für Unvorhergesehenes (60:40-Regel)

❖ Für Ihre gesamten vorauszuplanenden Tagesaufgaben sollten Sie die Grundregel der Zeitplanung beherzigen, wonach nicht mehr als 60 Prozent Ihrer Zeit dafür verplant werden sollten. Etwa 40 Prozent der Tagesarbeitszeit sollte als Pufferzeit zur Verfügung stehen, da ständig Unvorhergesehenes (Störungen, Unterbrechungen, zusätzliche Aufgaben – ca. 20 Prozent) hinzukommt und ungefähr 20 Prozent Ihrer Aufgaben unvorhergesehen länger dauern als geplant (Unterlagen fehlen, Zusatzinformationen müssen beschaft werden usw.). Von den eigentlichen Pausen haben wir in diesem Zusammenhang noch gar nicht gesprochen – auch diese Zeiten sollten Sie berücksichtigen.

Bei einem Achtstundentag heisst das, dass Sie möglichst nicht mehr als fünf Stunden fest verplanen dürfen.

Natürlich ist das nur eine »Faustregel«, denn in der realen Praxis wird es immer Tage geben, die nicht nach diesen Vorgaben ablaufen. Aber über einen längeren Zeitraum sollte sich diese Regel schon einhalten lassen.

4. Stufe: Entscheidungen über Prioritäten treffen

Als nächsten Punkt betrachten wir nun die Prioritäten.

❖ Setzen Sie bei allen Tätigkeiten, seien es Telefonate, Aufgaben usw., eindeutige *Prioritäten*, zum Beispiel mithilfe der *Eisenhower-Regel* oder durch die *ABC-Prioritäten*. So erhalten Sie die notwendige Rangordnung!

❖ Bedenken Sie auch für Ihre durchzuführenden Tätigkeiten *Rationalisierungsmöglichkeiten*.

5. Stufe: Nachkontrolle – Unerledigtes übertragen

Am Abend des Arbeitstages haken Sie die Aufgaben ab, die Sie erledigt haben. Psychologisch gesehen belohnen Sie sich dadurch selbst. Aber gerade zu Anfang werden Sie erfahrungsgemäß nicht alles schaffen, was Sie sich vorgenommen haben – es werden Aufgaben unerledigt liegen bleiben. Diese müssen darum auf einen anderen Tag übertragen werden.

Wenn das öfter vorkommt und Sie Aufgaben übertragen müssen (vor allem bei unangenehmen Aufgaben wird das vielleicht der Fall sein), so wird Ihnen das dann doch zu »lästig«. Es bestehen dann zwei Möglichkeiten:

❖ Sie werden diese Aufgaben endlich erledigen oder

❖ Sie werden sie streichen, weil die Sache sich dann von selbst erledigt hat.

Das Zeitplanbuch – ZPB

Das wichtigste Instrument für ein effektives Zeitmanagement ist ein professionelles *Zeitplanbuch (ZPB)*, wie es heute bereits von zahlreichen Führungskräften aus Wirtschaft und Verwaltung eingesetzt wird.

Das ZPB erfüllt – in eindeutiger Abgrenzung von einem Terminkalender oder einem sogenannten Chefplaner – mehrere Aufgaben:

1) Ein Kalendarium aus Tagesblättern und Übersicht der Fixtermine für die Tagesplanung.

2) Formulare für die Wochen- und Monatsplanung inklusive Fixterminen sowie Jahreskalender für das laufende und Folgejahr.

3) Datenteil als ein den individuellen Bedürfnissen angepasstes persönliches Nachschlagewerk mit Notizblättern für Informationserfassung (Aufgaben, Ideen, Vormerkungen z.B. für Aufgabenerledigung, wichtige Regeln und Empfehlungen etc.).

4) Alphabetisches Notiz-, Adress- und Telefonregister (hier können auch Notizen alphabetisch erfasst werden).

5) Checklistenverzeichnis (zur Selbstorganisation und -rationalisierung).

6) Sonstige Unterlagen, z.B. Speicher für Scheckkarte, Ausweispapiere, Geld etc.

Je nach berufsspezifischen Erfordernissen können weitere Datensammlungen oder auch Formulare, z.B. Reisekostenabrechnung oder Pkw-Kostenzusammenstellung, Aufträge, Provisionsabrechnungen u.Ä., aber auch Regeln und Informationen zum Einprägen – Lernen durch wiederholtes Lesen – eingefügt werden.

Das Zeitplanbuch ist also Kalender, Tagebuch, Erinnerungshilfe, Konzentrationsmittel, Nachschlagewerk und Brieftasche zugleich.

Entscheidend ist das Zusammenspiel zwischen ZPB und der Aufgaben erfassung und -planung bzw. der Wahrnehmung zielgerichteter Prioritäten; und zwar nach dem Motto: »Tue es gleich!«

Schematisch sollte ein ZPB wie folgt aufgebaut sein, um seinen Zweck erfüllen zu können:

Darstellung eines Zeit-Plan-Buches (TIMER)

Linke Seite:
Formblätter für Ihre Aufgabenverfolgung, d.h. zur Auflistung aller Aufgaben, die »irgendwann« abgearbeitet werden müssen.
Wenn möglich, sollte dieses Formblatt ausklappbar sein, damit Sie es auch im Blickfeld haben, wenn Sie mit dem Tageskalenderblatt arbeiten.

Mitte links:
Möglichkeit Tagesnotizen anzufertigen und festzuhalten.

Rechte Seite:
Herausklappbare Formblätter für Projekte, Delegationen usw.

Dahinter Register für Ihre speziellen Daten (Datenbank, Nachschlagewerk etc.)

Mitte rechts:
Sie haben den aktuellen Tag vor sich: links die Zeitleiste, daneben Platz für die Tagesplanung (Aufgaben, Aktivitäten usw.)

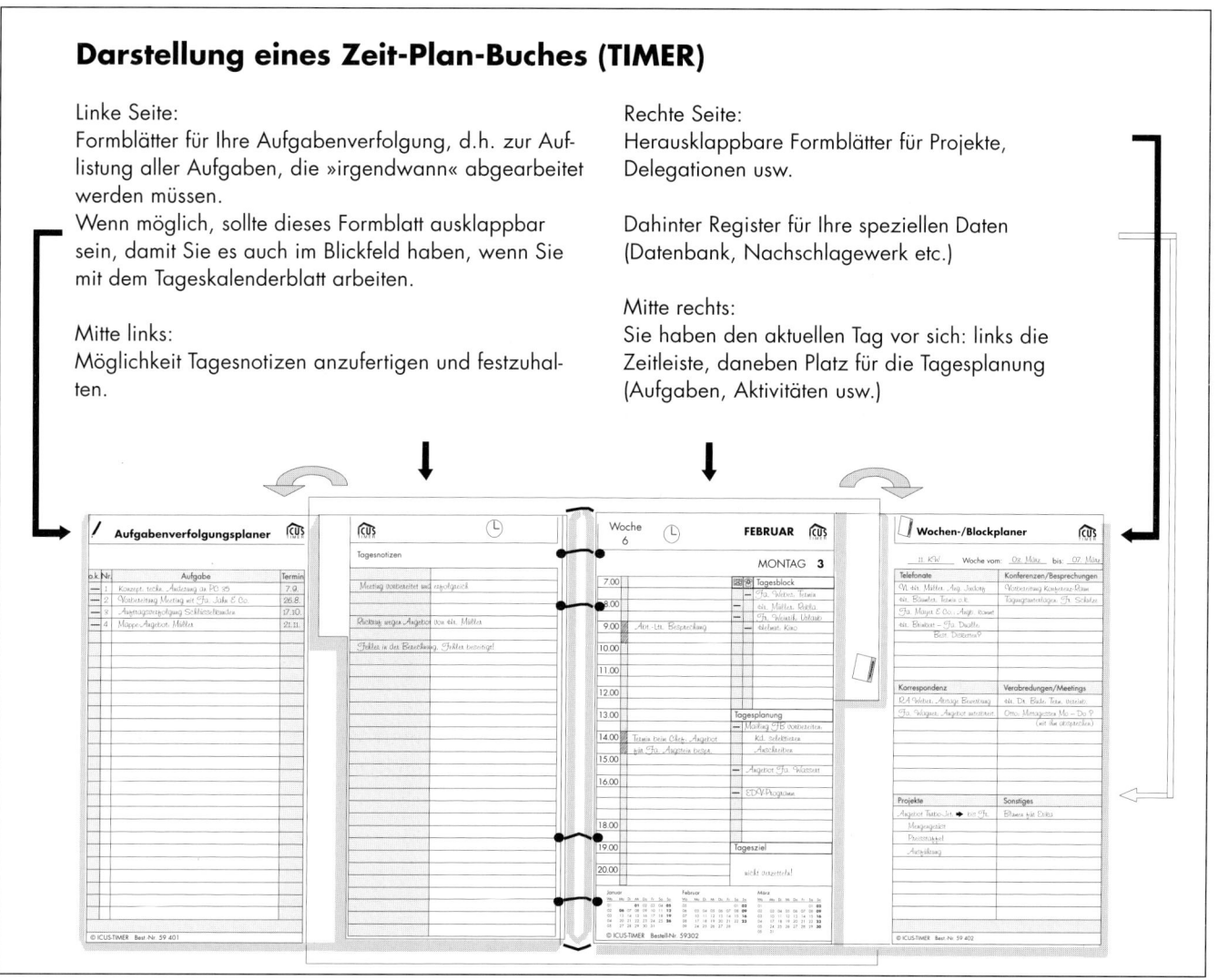

Ein sinnvoll aufgebautes Zeitplanbuch, wie z.B. der ICUS-Timer, sollte zunächst mehrere Register haben:

❖ Ein Arbeitsregister für die Zusammenstellung aller anfallenden Aufgaben, die Möglichkeit der Tagesplanung (Tageskalendarium), eine Registerunterteilung für Ihre Wochen-(Block-)Aufgaben und Unterteilungen für Projektplanung und Delegationsaufgaben.

❖ Ein weiteres Register (Memobank) dient dann als Ihr individuelles Nachschlagesystem, zum Beispiel für die Kundenbetreuung oder für eigene Zielsetzung usw.

❖ Sinnvoll ist dann ein Inforegister für das Ablegen von Informationen, die Sie zur Hand haben möchten: Messetermine, Hotelverzeichnis, Ferientermine usw.; aber auch für Ihre persönliche Terminplanung (Jahresplanung bezüglich Urlaub, Kongressen, Mailings etc.).

❖ Nützlich ist des Weiteren dann noch das Adress- und Telefonregister, wenn sich die einzelnen Planungsblätter austauschen lassen bzw. neue dazugeheftet werden können. Ergänzt werden kann dieses Register durch Telefonvorwahlverzeichnisse.

Tagesplanung

Führen Sie nun als Nächstes eine *Tagesplanung* durch. Diese Planung könnte folgendermaßen aussehen:

Ein aufgebrachter Reisender zum Bahnhofsvorsteher: »Ich verstehe überhaupt nicht, warum Sie einen Fahrplan brauchen. Ihre Züge haben doch sowieso dauernd Verspätung!« Darauf der Bahnbeamte: »Ohne Fahrplan wüßten wir noch nicht einmal das!«

❖ Auf der linken Seite sind die Zeiten von 7.00 bis 20.00 Uhr vorgegeben. Daneben ist jeweils Platz, um feste Termine, aber auch termingebundene Aufgaben als Stichworte einzutragen, und in der Zeitleiste davor markieren Sie die voraussichtliche Dauer dieser Termine.

So sehen Sie auf einen Blick, wann ein Termin beginnt und wann er beendet sein wird.

Lassen Sie aber zwischen zwei Terminen mindestens eine halbe Stunde »Luft«. Wenn nämlich eine Aufgabe, ein Termin länger dauern sollte als geplant, so kommen Sie dennoch nicht in Zeitschwierigkeiten. Dauert eine Tätigkeit wider Erwarten weniger lang als geplant, so haben Sie Zeit gewonnen und können andere Aufgaben vorziehen bzw. Aufgaben aus dem Block »zwei« schon abarbeiten (siehe dazu den nächsten Punkt).

❖ In der rechten Hälfte des Tageskalenders finden Sie die Rubriken zum Festhalten und zur Blockbildung Ihrer an diesem Tag zu erledigenden

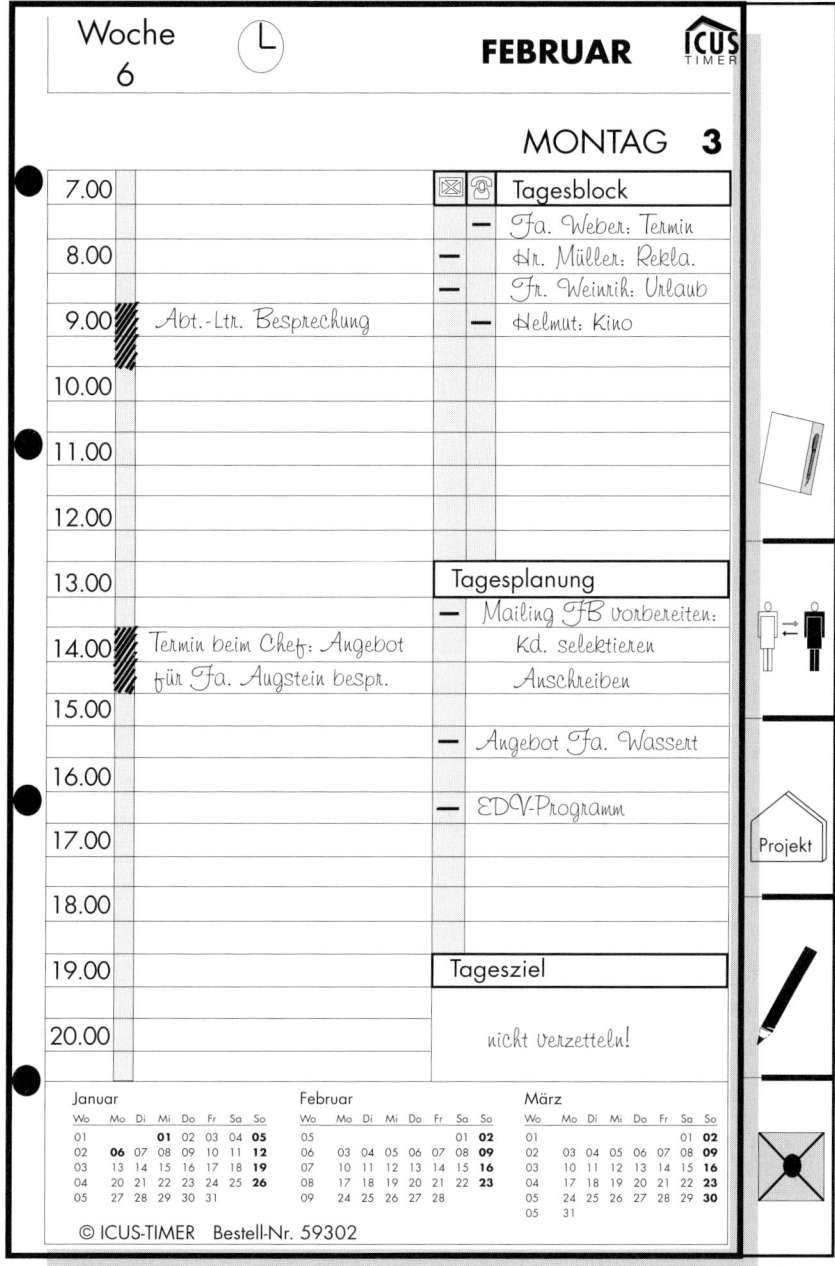

Woche 6	Ⓛ	**FEBRUAR**	**ICUS** TIMER

MONTAG 3

7.00		✉ ☎	Tagesblock
8.00		—	Fa. Weber: Termin
		—	Hr. Müller: Rekla.
		—	Fr. Weinrih: Urlaub
9.00	▨ Abt.-Ltr. Besprechung	—	Helmut: Kino
10.00			
11.00			
12.00			
13.00			Tagesplanung
		—	Mailing FB vorbereiten:
14.00	▨ Termin beim Chef: Angebot		Kd. selektieren
	für Fa. Augstein bespr.		Anschreiben
15.00			
16.00		—	Angebot Fa. Wassert
17.00		—	EDV-Programm
18.00			
19.00			Tagesziel
20.00			nicht verzetteln!

Januar

Wo	Mo	Di	Mi	Do	Fr	Sa	So
01		**01**	02	03	04	**05**
02	**06**	07	08	09	10	11	**12**
03	13	14	15	16	17	18	**19**
04	20	21	22	23	24	25	**26**
05	27	28	29	30	31		

Februar

Wo	Mo	Di	Mi	Do	Fr	Sa	So
05						01	**02**
06	03	04	05	06	07	08	**09**
07	10	11	12	13	14	15	**16**
08	17	18	19	20	21	22	**23**
09	24	25	26	27	28		

März

Wo	Mo	Di	Mi	Do	Fr	Sa	So
01						01	**02**
02	03	04	05	06	07	08	**09**
03	10	11	12	13	14	15	**16**
04	17	18	19	20	21	22	**23**
05	24	25	26	27	28	29	**30**
05	31						

© ICUS-TIMER   Bestell-Nr. 59302

Projekt

*Beispiel einer
Tagesplanung mit
den Rubriken:*

*– feste Termine,
– Tagesblock,
– Tagesaufgaben
  bzw. Tagesplanung,
– Tagesziel.*

61

Telefonate und zu erledigenden Korrespondenz. Beides wird in der entsprechenden Spalte gekennzeichnet und als Stichwort festgehalten.

❖ Darunter haben Sie Platz für Ihre Tagesplanung. Dort tragen Sie aber nur die Aufgaben ein, die Sie sich für diesen Tag vorgenommen haben, die Sie auch realistisch abarbeiten können und die nicht zeitgebunden sind.

❖ Ein freies Feld ist für besondere Dinge vorgesehen, die an diesem Tag besonders wichtig sind. Das können wesentliche Arbeiten sein, die Sie auf keinen Fall vergessen dürfen; das können Kleinigkeiten sein, mit denen Sie sich selbst motivieren wollen. Es können aber auch Dinge sein, die in Ihrer Ziel- und Zeitplanung liegen.

Es empfiehlt sich (zumindest zu Beginn der Führung eines Zeitplanbuches) folgende zwei Dinge einzutragen:

❖ *Kleinigkeiten zur Selbstmotivation.* Hier notieren Sie für den nächsten Morgen kleine Dinge, die überschaubar sind, die Sie mit Sicherheit erledigen können, damit Sie direkt zu Beginn des Tages ein gewisses Maß an Erfolg, an Selbstmotivation haben.

❖ *Unangenehme Aufgaben.* Hier sollte zu Anfang Ihrer »neuen« Zeitplanung mindestens eine unangenehme Aufgabe, vor der sich jeder gerne drückt, eingetragen werden. Ein starker, motivierender Einfluss geht von dieser Rubrik aus. Vor allem, wenn Sie jeden Abend abhaken können: Ich habe heute schon wieder eine unangenehme Aufgabe erledigt. Mit der Zeit werden sie nicht mehr unangenehm sein – und vor allem werden Sie abends das Gefühl haben, etwas erreicht zu haben, etwas Unangenehmes abgearbeitet zu haben und somit die wesentlichste Aufgabe des Tages erreicht zu haben. Das erleichtert das »Gewissen«.

An dieser Stelle noch einige Hinweise für Ihre Tagesplanung:

❖ Nehmen Sie sich zum Feierabend zehn Minuten Zeit, den nächsten Tag zu planen.

❖ Machen Sie einen *Tagesrückblick.* Überprüfen Sie in einer kleinen Selbstkontrolle, was Sie erreicht haben und was nicht. Damit schließen Sie den vorangegangenen Tag ab, ziehen eine Lehre daraus und nehmen sich Neues für den kommenden Tag vor.

❖ Schauen Sie in Ihren Terminplan (Zeitplaner) und in Ihren Wochen-, Monats- oder Jahresplan, was unerledigt geblieben ist, was noch getan werden muss.

❖ Ordnen und fassen Sie verschiedene *kleine Vorgänge* wie Telefonate, Kurzbriefe, kurze Besprechungen, kleine Erledigungen usw. zusammen und sehen Sie hierfür jeweils eine zusammenhängende Zeit vor (Zeitblock).

❖ Schätzen Sie dann den *Zeitbedarf* für diese Zeitblöcke sowie für die größeren Vorgänge wie Konferenzen, Ausarbeitungen, Verhandlungen, Besuche u.a. Schätzen Sie dabei in ½- und 1-Stunden-Einheiten, nicht in Minuten genau. Letzteres wäre unpraktikabel.

❖ Die geschätzte *Gesamtzeit* für die kleinen und großen Vorgänge wird oft schon länger sein als die zur Verfügung stehende Arbeitszeit. Dazu kommt noch eine Reservezeit, die wir vorhersehen müssen. Die Reservezeit sollte mindestens 40 Prozent betragen (siehe 60:40-Regel). Somit sollten wir bei einem Achtstundentag höchstens fünf Stunden zeitlich verplanen.

❖ Die Aufgaben werden mit *Dringlichkeitszeichen* (Prioritäten) in das Tagesblattformular eingetragen. Kürzen Sie dabei immer wiederkehrende Begriffe ab. Sie nutzen so den knappen Raum der Formulare besser und sind mit dem Schreiben schneller fertig.

Dazu noch einige weitere Aspekte, auf die wir auch an anderer Stelle noch einmal eingehen:

❖ Kürzen Sie Anlaufzeiten durch straffere Organisation.

❖ Legen Sie Schwerpunktaufgaben an den Arbeitsbeginn, da Sie dann noch über genügend Energie und Konzentrationsfähigkeit verfügen, diese erfolgreich in Angriff nehmen zu können.

❖ Vermeiden Sie ungeplante – und vor allem impulsive – Aktivitäten.

Grundsätze der Delegation

Keiner kann alles selbst erledigen, deshalb müssen wir Aufgaben entweder selegieren oder abgeben – delegieren.

Doch bevor Sie zur Delegation kommen, sollten Sie sich einige Fragen stellen, um für sich selbst Klarheit über die Möglichkeit der Selektion bzw. Delegation zu bekommen. Beantworten Sie folgende vier Fragen, die bei Verneinung in entsprechende Maßnahmen münden.

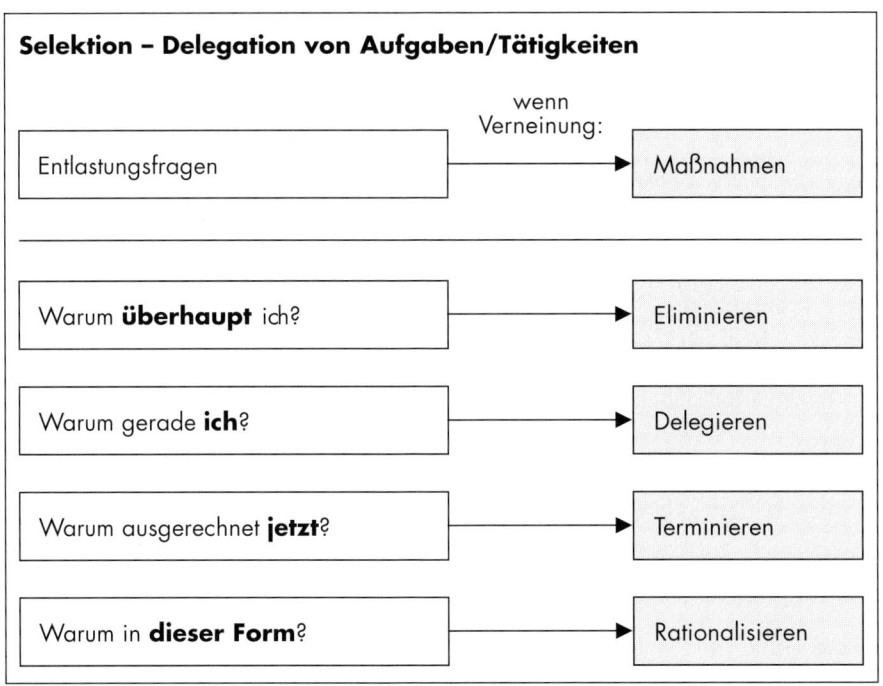

Selektion – Delegation von Aufgaben/Tätigkeiten

Entlastungsfragen	wenn Verneinung: →	Maßnahmen
Warum **überhaupt** ich?	→	Eliminieren
Warum gerade **ich**?	→	Delegieren
Warum ausgerechnet **jetzt**?	→	Terminieren
Warum in **dieser Form**?	→	Rationalisieren

Delegation sieht auf den ersten Blick recht einfach aus, man teilt dem anderen mit, was er zu erledigen hat, und lässt ihn dann machen. Aber ganz so einfach geht es dann doch wieder nicht. Denn wenn Delegation die Übertragung von Aufgaben und Tätigkeiten aus dem eigenen Funktionsbereich auf andere ist, so müssen diese dazu auch mit entsprechenden Kompetenzen und der notwendigen Verantwortung ausgestattet werden.

Das bedeutet aber auch für den, der »abgibt«, die Delegation zu überwachen. Denn wenn Sie jemandem einen Auftrag erteilen, so bleibt die Verantwortung, dass die Aufgabe auch richtig und zeitgerecht erledigt wird, immer bei dem, der delegiert hat. Es ist also sinnvoll, ein Kontrollsystem zu installieren.

Delegationsplanung

Aufgaben, die man an andere weitergegeben hat, mit dem Datum versehen, an dem sie erledigt sein sollen.

Im Sinne von Controlling soll Überwachung in diesem Zusammenhang verstanden werden als Steuerung, Kurskorrektur, Eingriffsmöglichkeit bei Terminschwierigkeiten usw. Deshalb übertragen Sie Aufgaben nur mit festen Endterminen und entsprechenden Zwischenterminen.

Als oberstes Managementprinzip der Delegation ist bekannt, dass der Delegierende es nicht versäumen darf, die betreffenden Mitarbeiter in ihrem Verantwortungsbereich ausreichend zu überwachen – zu kontrollieren.

Sie können es also nicht dem Zufall überlassen, ob Geschäfte und Termine korrekt ablaufen. Wenn Sie jemandem einen Auftrag erteilen, müssen Sie laufend überprüfen, wie er, der Mitarbeiter, damit »zurechtkommt«. Kontrolle also in regelmäßigen Abständen, die rechtzeitig beginnt und nicht erst ein paar Tage vor dem Schlusstermin.

Es ist unbedingt notwendig, Menschen und Termine, für die Sie verantwortlich sind, ständig zu überwachen. Ein entsprechend aufgebautes Planungsblatt (Formblatt) soll Ihnen dazu Hilfestellung geben. Es muss demnach alle wichtigen Aspekte, die zur Delegation der (Teil-)Aufgaben notwendig sind, enthalten:

- ❖ Name dessen, an den delegiert wurde,
- ❖ Aufgabe/Teilaufgabe,
- ❖ Endtermin,
- ❖ Kontrolltermin(e).

Delegation erstreckt sich dann auf einzelne Vorgänge, auf »Teilaufgaben«, und besitzt somit eine Schlüsselfunktion sowohl

- ❖ zur Entlastung des Delegierenden,
- ❖ für mehr Zeit für wichtige Aufgaben,
- ❖ zur Nutzung von Fachkenntnissen anderer,
- ❖ zur Entwicklung und Förderung von Fähigkeiten, Initiativen und Selbständigkeit bei anderen
- ❖ als auch zur positiven Auswirkung auf die Motivation.

Es ergibt sich aber ein Problem der Delegation: Es kommt darauf an, was delegiert wird (oder werden kann), und nicht, wie viel delegiert wird, damit keine Überforderung entsteht.

Merke:
Voraussetzung zur
Delegation:
kritische
Eigenanalyse
durchführen,
W-Fragen stellen.

Eine einfache Regel zur Durchführung der Delegation finden Sie in dem nachfolgenden Sechs-W-System:

Was	ist zu tun?
Wer	ist geeignet?
Warum	wird delegiert (Zweck, Motivation, Zielsetzung)?
Wie	soll die Aufgabe ausgeführt werden?
Womit	soll es erreicht werden (Hilfsmittel)?
Wann	soll es fertig sein?

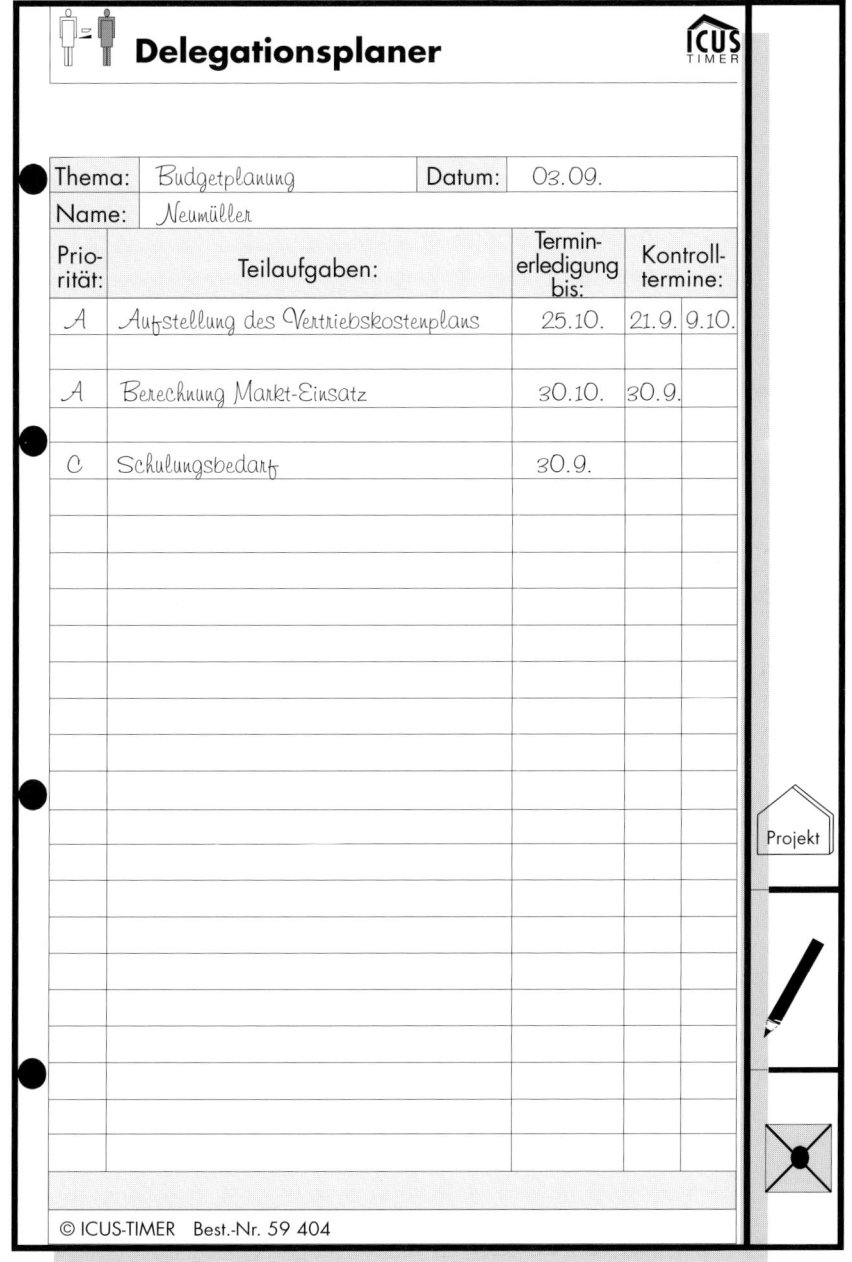

Delegationsplaner

ICUS TIMER

Thema:	Budgetplanung		Datum:	03.09.		
Name:	Neumüller					
Prio-rität:	Teilaufgaben:			Termin-erledigung bis:	Kontroll-termine:	
A	Aufstellung des Vertriebskostenplans			25.10.	21.9.	9.10.
A	Berechnung Markt-Einsatz			30.10.	30.9.	
C	Schulungsbedarf			30.9.		

© ICUS-TIMER   Best.-Nr. 59 404

Projekt

Beispiel für Delegationsaufgaben:

– Thema,
– Teilaufgaben,
– Terminerledigung,
– Kontrolltermine.

Als Vorteile der Delegation wären zu nennen:

❖ Sie verschafft Freiräume, vor allem bei Routinearbeiten,

❖ sie gibt Zeit für vorrangige Aufgaben (Planung, Organisation, Führung usw.),

❖ sie baut Führungskapazität auf und aus,

❖ sie beschleunigt den Entscheidungsprozess,

❖ sie ermöglicht, dass Entscheidungen dort getroffen werden, wo die Details bekannt sind,

❖ sie trägt zur Weiterentwicklung der Mitarbeiter bei (lernen, Entscheidungen zu treffen, Verantwortung zu übernehmen).

Durch Delegation wird Ihr Leben nicht unbedingt angenehmer im Sinne von mehr Freizeit, aber lohnender. Delegation, richtig verstanden und durchgeführt, hilft beiden Seiten: Der Delegierende wird entlastet und beim anderen kann sie zur Leistungsverbesserung beitragen – Stichwort *Motivation*.

Projektplanung

Projektplanung

Alle komplizierten Aufgaben, die man zur besseren Übersicht in Teilaufgaben zerlegen will.

Projektplanung soll lediglich als eine erste Übersicht einer (komplexen) Aufgabe, zerlegt in Teilaufgaben, verstanden werden. Sie ist also kein Projektablauf im Sinne von Projektmanagement.

Was ist ein Projekt? Im weitesten Sinne alles, z.B. vom Verkauf einer Anlage bis zur Auslieferung an den Kunden, aber auch die Entwicklung neuer Produkte usw.

Eine umfangreiche Aufgabe wird überschaubarer, wenn sie in entsprechende Teilaufgaben gegliedert wird. Dazu sind zwei Aspekte zu unterscheiden:

1) Nach diesen Teilaufgaben, unterteilt aufgeführt, erkennen Sie schnell, was delegiert werden kann, mit welchem Zeitaufwand Sie rechnen müssen und wann das Projekt abgeschlossen sein wird.

2) Komplexe Aufgaben werden so für Sie durchsichtiger.

Geben Sie jedoch stets den Beginntermin und die entsprechenden Endtermine (Kontrolltermine) an (siehe auch dazu das Formblattbeispiel auf der nächsten Seite).

Die Aufgabe der Projektplanung besteht darin, die Integration von Einzellösungen zu einem systemoptimalen Gesamtentwurf vorzunehmen. Jeder

Beispiel für Projektplanung:

Halten Sie das Thema fest, zergliedern Sie das Projekt in Teilaufgaben, legen Sie Endtermine fest, setzen Sie Kontrolltermine.

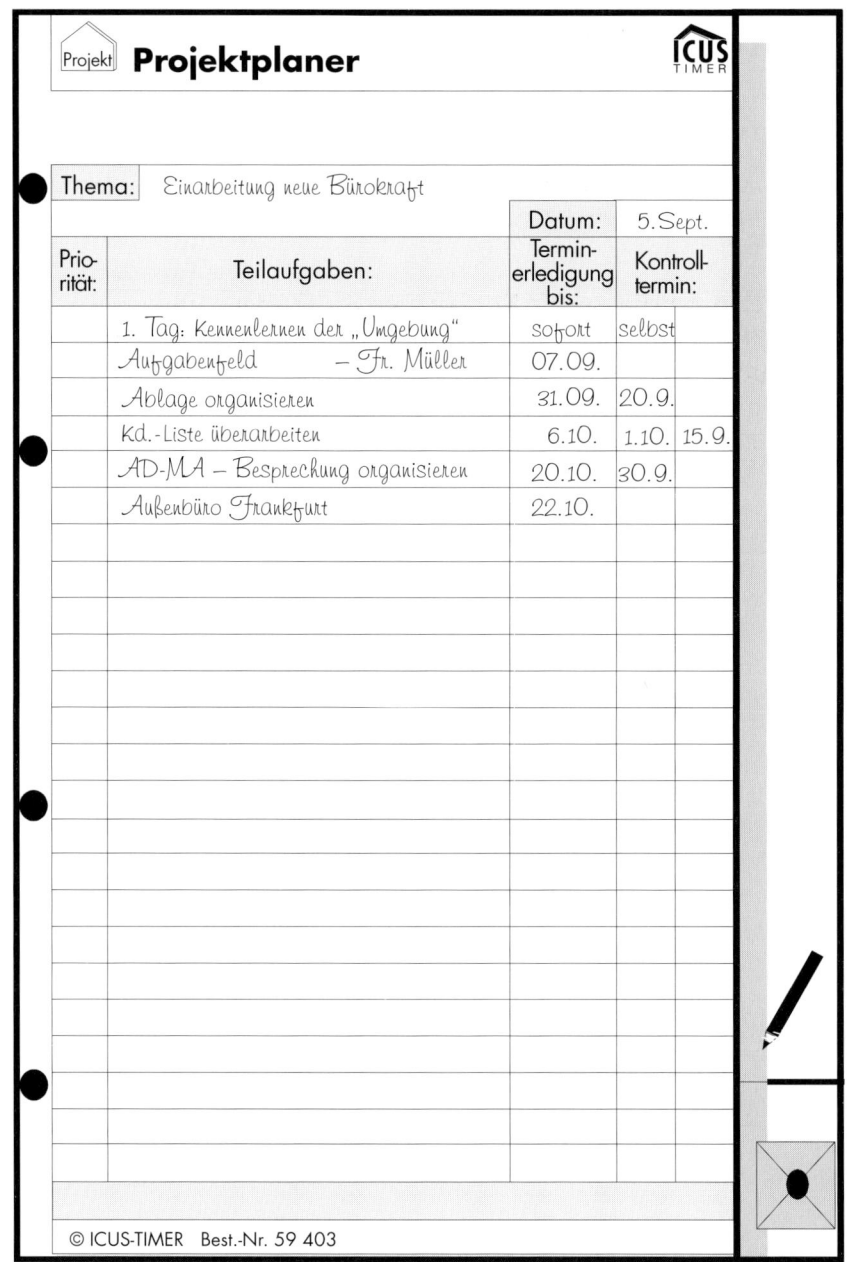

Projekt **Projektplaner**				ICUS TIMER

Thema: Einarbeitung neue Bürokraft

Datum: 5. Sept.

Prio- rität:	Teilaufgaben:	Termin- erledigung bis:	Kontroll- termin:	
	1. Tag: Kennenlernen der „Umgebung"	sofort	selbst	
	Aufgabenfeld — Fr. Müller	07.09.		
	Ablage organisieren	31.09.	20.9.	
	Kd.-Liste überarbeiten	6.10.	1.10.	15.9.
	AD-MA – Besprechung organisieren	20.10.	30.9.	
	Außenbüro Frankfurt	22.10.		

© ICUS-TIMER   Best.-Nr. 59 403

Einzelne im »Projektteam« muss also wissen, welchen Teil der Gesamtarbeit er übernimmt. Kooperatives und wirksames Management setzt voraus, dass der Teamleiter die gruppendynamischen Prozesse kennt. Dabei sind gemeinsame Ziele zu vereinbaren und zu realisieren.

Eine reibungslose Zusammenarbeit im Team bedeutet, dass Arbeitsprozesse schneller und wirtschaftlicher verlaufen, wenn die Bereitschaft dazu besteht.

Erfolg versprechend ist eine Kooperation im Team nur dann, wenn neben der »richtigen« persönlichen Einstellung gegenüber dem einzelnen Mitarbeiter und in der Gruppe die Motivation und Kreativitätsbereitschaft positiv beeinflusst werden und Aufgaben entsprechend dem »Können« Einzelner diesen zugeordnet werden.

Informationsverarbeitung

Sicher können Sie sich die folgende Situation vorstellen:

Sie kommen von der Arbeit nach Hause, holen die Post aus dem Briefkasten und sortieren sie auf dem Küchentisch; links die Reklame, in der Mitte die Rechnungen und rechts die Briefe. Da läutet das Telefon. Als Sie mit dem Gespräch fertig sind, ist es Zeit, mit dem Hund rauszugehen. Also nehmen Sie das Ganze – auch die Postwurfsendungen – und legen es auf den Fenstersims. Das war Montag.

Am Dienstag machen Sie es sich in einem Sessel bequem, um die Post zu lesen. Ihr Partner will sich aber mit Ihnen unterhalten, deshalb legen Sie alles auf die Kommode. Am Mittwoch ist der Stapel bis zum Wohnzimmertisch vorgedrungen. Am Samstag liegt bereits in jedem Zimmer Post herum, die nur zum Teil durchgesehen ist.

Eines steht fest: Die Berge bedruckten Papiers, mit denen wir konfrontiert werden, erfordern Organisation. Und das nicht nur im privaten Bereich, auch beruflich werden Sie eine ähnliche Situation antreffen.

Um Ihren Papierkram in den Griff zu bekommen, brauchen Sie ein auf Ihre Bedürfnisse zugeschnittenes System. Machen Sie sich klar, dass Entscheidungen zu treffen sind – Papierberge zeigen, dass Sie sich noch nicht dazu durchringen konnten, nach einem Ordnungssystem zu arbeiten.

In diesem Kapitel wollen wir Ihre »Informationspolitik« unter die Lupe nehmen. Es soll festgestellt werden, welche Auswirkungen sich aus einer nicht geordneten Ablage ergeben und was Sie tun können, um die Sache in den Griff zu bekommen.

Verkürzen Sie:

❖ die Suchzeiten und

❖ die Ablagezeiten

durch System und Ordnung in Ihrer Informationsverarbeitung.

Ideal wäre, sich nur mit den Informationen zu beschäftigen, die Sie im Hinblick auf die Lösung von Problemen und das Erreichen Ihrer Ziele ein Stück weiterbringen. In der Realität nehmen Sie jedoch mehr Informationen auf, als Sie zur Zeit verarbeiten können, und geben auch eine Informationsdichte weiter, die aber so nicht unbedingt notwendig und erforderlich ist.

Selektion ist somit also eine wichtige Prämisse, es geht um die rationelle Bewältigung aller Informationsvorgänge und Informationsaufgaben.

Denken Sie daran:

❖ Die Post muss so schnell wie möglich vom Tisch. Es darf sich nichts ansammeln.

❖ Post sollte, wenn möglich, nur einmal in die Hand genommen werden.

❖ Machen Sie sich sofort Antwort-, Verarbeitungs- oder Bearbeitungsnotizen, damit die Bearbeitung eingeleitet werden kann.

❖ Versehen Sie die Post mit entsprechenden Erledigungsvermerken.

Um diese Grundsätze zu verwirklichen, empfiehlt sich eine Dreiteilung der Post:

Merke: Dreiteilung der »Post« durch: Tageswert, Sofortvorgänge, Zeitvorgänge (als Wiedervorlage)

❖ *Tageswert*: Kurzfristiger Informationswert, muss nicht besonders abgelegt werden.

❖ *Sofortvorgänge*: Entscheidung kann sofort gefällt werden, deshalb auch sofortige Bearbeitung.

❖ *Zeitvorgänge/Wiedervorlage*: Durch Bearbeitung und Rückfragen erst zu lösen, gehört in die Wiedervorlage – aber: *Nichts geht in die Wiedervorlage, ohne dass irgendetwas eingeleitet worden ist.*

Nichts geht in die Wiedervorlage, ohne daß etwas veranlaßt wurde.

Der Zeitverlust durch unzureichende Abwicklung der Tagespost ist erheblich. Die »normale Bearbeitung« kostet schon eine Menge Zeit, angefangen bei der Erstbearbeitung (Sichtung) der Post (Lesen, Informationsaufnahme und -verarbeitung) bis hin zur Beantwortung (Entwurf der Antwortschreiben, Diktieren, Ablage usw.).

Deshalb dazu einige Anregungen:

❖ Verzichten Sie auf »Routinepost« (z.B. Werbeschreiben, Schreiben mit zu geringem Informationsgehalt usw.),

❖ sortieren Sie die Eingangspost nach Prioritäten,

❖ ordnen Sie der Post (wenn möglich) schon bereits vorhandene Vorgänge zu,

❖ markieren Sie wichtige Textstellen,

❖ verwenden Sie, sooft es geht, Kurzbrief-Formulare (der Empfänger wird es Ihnen danken).

Gedanken ordnen bei schwierigen Texten

Informationen haben aber nicht nur eine Form, sondern auch einen Inhalt, mit dem Sie sich auseinander setzen müssen.

Dabei werden vor allem »unstrukturierte« Informationen – in der Regel sind das neue, schwierige Texte – schnell wieder vergessen. Strukturierte Informationen bleiben dagegen viel länger abrufbereit im Gedächtnis.

Wenn Sie einen schwierigen Text lesen und merken, dass Ihre Aufmerksamkeit nicht bei der Sache ist, versuchen Sie folgenden Trick: Machen Sie jedes Mal am Rande des Textes ein Zeichen, dass Ihre Gedanken abgeschweift sind.

Gehen Sie zum letzten Satz zurück, an den Sie sich noch erinnern können, und beginnen Sie erneut von dort zu lesen. Sobald Sie am Ende der Seite angekommen sind, versuchen Sie, den Inhalt des gerade Gelesenen wiederzugeben. Sollten Sie feststellen, dass Sie das Wesentliche nicht behalten haben, lesen Sie die ganze Seite noch einmal.

Memo

An   Datum

Von

Anlage: mit der Bitte um:

☐ Brief   ☐ Muster   ☐ Kenntnisnahme   ☐ Bearbeitung

☐ Kopie   ☐ Pläne   ☐ Stellungnahme   ☐ Weiterleitung

☐ Abschrift   ☐ Rechnung   ☐ Rücksprache   ☐ Rückgabe

☐ [_____]   ☐ Anruf   ☐ Verbleib

☐ [_____]   ☐ [_____]

Betr.:   Notiz:

Mit freundlichen Grüßen

© ICUS-TIMER   Best.-Nr. 59 409

Benutzen Sie
möglichst oft
»Kurzmitteilungen« –
»Memos«.

Wenig Zeitaufwand
– zum Erstellen,
– zum Lesen.

Schnelle Information
durch Beschränkung
auf das Wesentliche.

Wenn Sie sich diese Methode zu Eigen machen, wird Ihr geistiges Fassungsvermögen merklich besser und werden die Zeichen am Buchrand, am Schriftstück oder an den Akten erheblich weniger werden.

Bringen Sie also eine »eigene« Struktur in die Information, das heißt, dass Sie sich zunächst einen Überblick verschaffen und dann die wesentlichen Informationskerne herausarbeiten.

Machen Sie sich dazu »Randnotizen« und stellen anschließend Verbindungen zwischen diesen her. Falls Sie Schriftstücke beantworten müssen, erhalten Sie auf diese Weise der »verbundenen Randnotizen« eine Leitschiene für Ihre Antworten.

Die Leitschiene hat zwei Vorteile für Sie:

1) Sie müssen den Brief oder das Schriftstück bei der endgültigen Bearbeitung in ein paar Tagen nicht mehr ganz lesen.
2) Sie haben Anhaltspunkte für die Beantwortung und können sich so auf das Formulieren konzentrieren.

Hinweise zur Ablage

Durch die Systematisierung der Informationsbearbeitung (Tagespost, Wiedervorlagen usw.) und durch die Einordnung in Prioritäten haben Sie zwei Schritte auf dem Weg zu einer wirkungsvolleren Informationsverarbeitung getan. Die eigentliche Effizienz hängt nun aber davon ab, diese Aufgaben/Aktivitäten so abzulegen und einzuordnen, dass sie auch entsprechend dem vorgesehen Termin bearbeitet bzw. archiviert werden können. Dazu benötigen Sie eine »funktionale« Ablage.

Wir unterscheiden dabei zunächst zwischen Unterlagen und Arbeitsmitteln, die wir ständig benötigen, und Unterlagen, die wir gelegentlich brauchen.

Ständig heißt in diesem Sinne aber nicht immer – wenn Sie sie aber brauchen, dann sofort, z.B. die Kundenunterlagen (Kundenkartei). Dieses lässt sich selbstverständlich auch über entsprechende Programme in der EDV steuern.

Neben dem Ort der Ablage ist auch das Ablagesystem von entscheidender Bedeutung. Als grundsätzliche Gedanken dazu:

❖ Unterlagen gehören nicht auf den Schreibtisch, sondern in die Schublade bzw. Beistellschränke. Was auf dem Tisch liegt, lenkt ab. Auf dem Schreibtisch sollte nur das liegen, was gerade bearbeitet wird.

❖ Den Ablageort bestimmen Sie nach den folgenden Kriterien:
  – Unterlagen, auf die nur Sie zugreifen, sollten an Ihrem Arbeitsplatz oder bei Ihrer Sekretärin abgelegt werden.
  – Unterlagen, auf die mehrere Mitarbeiter einer Abteilung, eines Bereiches häufig zugreifen, sollten an einem zentralen Ort innerhalb der Abteilung abgelegt werden.
  – Unterlagen, auf die Mitarbeiter eines ganzen Unternehmens häufig zugreifen, sollten in der Zentralregistratur abgelegt werden.
  – Unterlagen, auf die nur sehr selten zugegriffen wird, sollten im Archiv abgelegt werden.

❖ Vermeiden Sie, so weit möglich, Doppelablagen. Sollte diese trotzdem notwendig sein, so sollten beide Ablagen nach dem gleichen Prinzip geordnet sein. Mindestens eine Ablage (die zentrale Ablage) sollte vollständig sein, damit nach einer Unterlage nicht an mehreren Stellen gesucht werden muss.

❖ Je mehr Personen auf eine gemeinsame Ablage zurückgreifen, desto konsequenter muss sie geführt werden.

❖ Die Ablage von losen Blättern in der Hängemappe bedeutet Raum- und Arbeitsersparnis.

❖ Eine geheftete Ablage *kann* ein Vorteil sein, wenn bestimmte Unterlagen streng geordnet als laufendes Nachschlagewerk dienen oder sich immer wieder im Umlauf befinden.

Ein erfolgreiches Selbstmanagement hängt nicht nur von den angewandten Zeitplanungs- und Arbeitsmethoden, sondern auch von der Einrichtung des Arbeitsplatzes und dem richtigen Gebrauch von Hilfsmitteln ab. Dies gilt insbesondere für die rationelle Schriftgut-Verwaltung: Ablagesystem, Aktenplan, Registratur, Ordnungsmittel etc.

Erarbeitung eines persönlichen Ablagesystems

Stellen Sie sich diese beiden Fragen:

❖ Was muss bearbeitet werden? (Geschäftsvorgänge)

❖ Was benötige ich zu dieser Bearbeitung? (Unterlagen)

Fassen Sie die Ergebnisse in einer Tabelle zusammen.

Tabelle 1: Allgemeines Ablagesystem	
Was bearbeiten? (Geschäftsvorgänge)	*Was wird für die Bearbeitung benötigt?* (Unterlagen)
Anfragen	Preislisten
Angebote	Kataloge, Preislisten, Angebotsformulare
Aufträge	Kundendaten Auftragsformular, Versandbedingungen
Planungsaufgaben	Projektvorgang, Statistiken, Gesetze, Richtlinien, Vorschriften, Korrespondenz Rechtsanwalt, Steuerberatung
Urlaubsanfrage	Urlaubsliste, Urlaubsmeldung
Anzeigenwerbung	Kataloge, Preislisten, Entwürfe, Klischees, Werbeagentur, Anzeigenpreisliste
Verkaufsseminar	Angebot Seminartrainer, Urlaubsplanung Außendienst, Verkaufsleiter-Wünsche

Wenn Sie diese Tabelle erstellt haben, überlegen Sie sich, wie Sie Gleichartiges unter einem Oberbegriff zusammenfassen können. Verwenden Sie eindeutige Ordnungssymbole.

Dazu ein Beispiel: Die am Arbeitsplatz benötigten Gesetzestexte legen Sie unter dem Symbol »G« ab. Die entsprechende Hängemappe kennzeichnen Sie ebenfalls mit einem »G«. Auch die Gesetzestexte beschriften Sie mit einem »G«.

Sollten einzelnen Symbolen zu viele Vorgänge oder Unterlagen zugeordnet sein, schaffen Sie zusätzliche Symbole oder unterteilen Sie die einzelnen Bereiche weiter, z.B. in alphabetischer oder chronologischer Ordnung.

Tabelle 2: Systematische Ablage

Symbol	für	Beispiele	
A	Arbeitsprojekte	– Produkt-Entwicklung – Revision	– Expansions-Entwicklung – Ausschreibung
B	Beraterleistungen	Angebote, Schriftwechsel, Vorschläge durch: – Rechtsanwalt – Steuerberater – Seminarveranstalter	 – Unternehmensberater – Werbeagentur – Förderprogramme
D	Diverse Unterlagen	– Mitgliedschaften	– Versicherungen
E	Ergebnisse	– Außendienst-*Rennliste* – Verkaufsstatistik	– Umsatzzahlen – Inventur
F	Formulare (die häufig am Arbeitsplatz benötigt werden)	– Angebotsformulare – Auftragsformulare	– Urlaubsmeldung – Krankmeldung
H	Haupttätigkeiten	– Lesen/Auswerten – Planen/Ideen/Kreativ – Bearbeiten/Entscheiden – Delegieren/Anweisungen	– Gespräche/Telefonate/Besprechungen – Sammeln/Notieren/Infos – Diktat
K	Kommunikation (innerbetrieblich)	– Herr Sauer – Frau Ahlendorf	– Abteilungsleiter – Verkaufsleiter
N	Nachschlage-Unterlagen	– Preislisten – Kataloge – Versandbedingungen – Telefonverzeichnis – Auftragsnummern – Lieferanten-Verzeichnis	– Technische Daten – Kostenstellen-Plan – Orga-Anweisungen – Flug- und Fahrpläne – Dispositionsliste – DIN-Vorschriften
Ö	Öffentlichkeitsarbeit	– Grundsätze – Pressemitteilungen – Kontaktadressen	– Veranstaltungen, Messen – Hannover-Messe – Messe Köln
P	Personal	– Arbeitsplatz-Beschreibungen – Ausbildungsplätze	– Gleitziel-Ordnung
	Privat	– Briefbogen – Anschriften/Telefonverzeichnis	– Geburtstagsliste – Reitverein
Z	Zielplanung	– Unternehmensstärken – Geeignete Problemfelder – Zielgruppen-Informationen	– Wege zur Zielgruppe – Lösungsideen für ZG-Probleme – Idealvorstellungen/-ideen

Sobald die Ablagesystematik feststeht, sorgen Sie dafür, dass sie anderen betroffenen Personen, z.B. Ihrer Sekretärin, bekannt ist. Verteilen Sie zu diesem Zweck eine Kopie Ihrer Tabelle 2.

Kommunikation – Besprechungen

Zu den weiteren Informationsträgern gehört auch (und besonders) die Kommunikation. Denken Sie in diesem Zusammenhang nur einmal an die tägliche Praxis – und hier vor allem an die vielzähligen (und oft überflüssigen, weil schlecht vorbereiteten) Besprechungen. Es gibt in Unternehmen kaum eine andere Tätigkeit, bei der so viel Zeit von so vielen Personen aufgewendet wird wie gerade hier.

Denn wer kennt sie nicht, die Sitzungen, Konferenzen, Teambesprechungen, Gruppengespräche, Arbeitskreise usw.? (Wenn man mal nicht weiterweiss, bildet man einen Arbeitskreis.)

Bei Siemens wurde festgestellt, dass allein auf Konferenzen und ihre Vorbereitung sowie auf Postbearbeitung und Einzelgespräche rund 50 Prozent der gesamten Arbeitszeit eines typischen Abteilungsleiters entfallen.

Natürlich ist das Gespräch, die Kommunikation, die direkteste Form des Informationsaustausches zur Einleitung von Aktionen. Denn hier können die Gesprächspartner sofort reagieren und agieren. Aber Sie kennen sicher auch Besprechungen, die ohne erkennbare Ergebnisse im Sande verlaufen. Denn die Gefahr ist gerade hier besonders groß, dass Informationen – besonders Informationskerne – als eigentliche Aktionsinhalte verloren gehen, weil

- ❖ die Informationsweitergabe (Besprechung schlecht vorbereitet ist),
- ❖ die Informationen nicht eindeutig sind, da sie nicht präzise genug formuliert wurden und somit auslegungsfähig sind.

Wie Hans Walter Putze in einem Artikel im Handelsblatt so treffend formulierte, führen Besprechungen zu nichts, wenn Informationen wie in einer Einbahnstraße verlaufen.

Dazu führt er weiter aus, dass viele Teilnehmer mit dem Gefühl, einen Maulkorb umgehängt zu bekommen und zum Nicken verpflichtet zu sein,

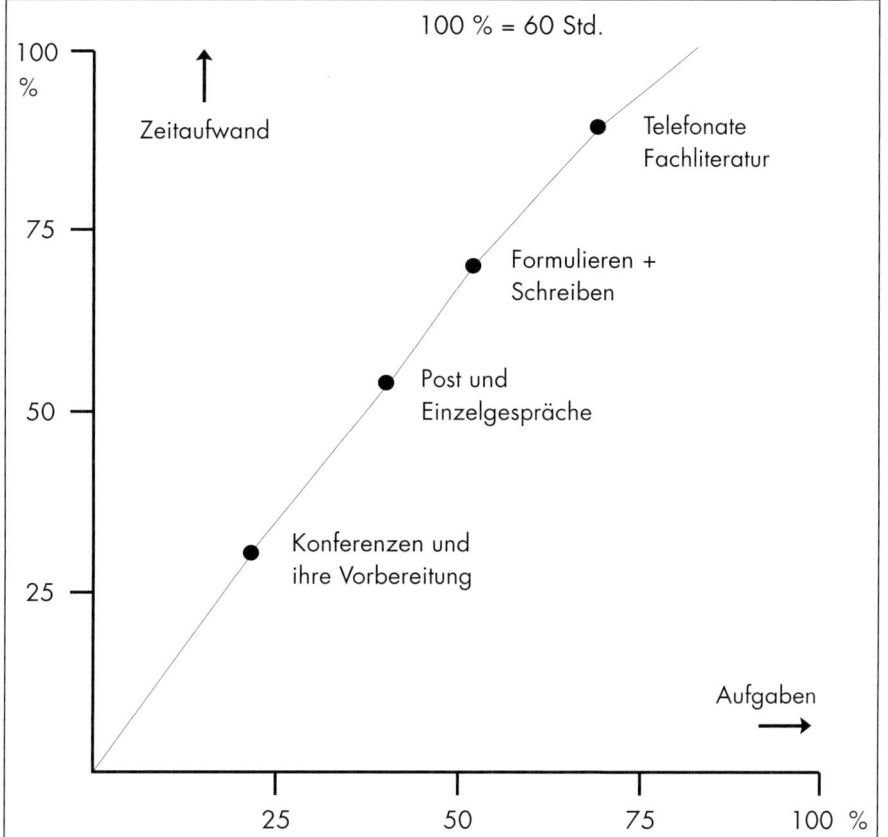

100 % = 60 Std.

Konferenzen und
ihre Vorbereitung

Post und
Einzelgespräche

Formulieren +
Schreiben

Telefonate
Fachliteratur

Zeitaufwand

Aufgaben

*Zusammenhang
zwischen dem Anteil
der zu erledigenden
Aufgaben und dem
dafür benötigten
Zeitaufwand.*

den Besprechungssaal betreten würden. Besprechung, so stellt er weiter dar, heißt eigentlich nur, dass einer spricht – nämlich der Besprechungsleiter.

Das mag zwar übertrieben dargestellt sein, aber wenn wir bedenken, dass Meetings (wie es heute so schön Neudeutsch heißt), Teambesprechungen, Konferenzen u. ä. das Unternehmen viel Geld und vor allem sehr viel Zeit kosten, so mag diese etwas polemisch dargestellte Sichtweise verständlich sein.

Deshalb besteht die Forderung, dass sich Investitionen für Besprechungen erst dann auszahlen, wenn das Ergebnis einer Besprechung nicht nur aus einem Protokoll besteht. Demgegenüber ist der wichtigste Aspekt hierbei, dass *gemeinsam* gefasste Beschlüsse tatsächlich zuverlässig und schnell von allen Beteiligten umgesetzt werden.

Damit das überhaupt geschehen kann, bedarf es einiger »Spielregeln«, die einzuhalten sind. Dass das aber nicht immer so einfach ist, zeigt folgendes kleines Beispiel:

> *»Als die Geschäftsleitung eines medizinischen Großbetriebes die versammelten Verkäufer plötzlich um ›Spielregeln‹ für ihr Meeting bat, warfen sich die Teilnehmer entgeisterte Blicke zu. Erst langsam begriffen sie, dass das Management versuchte, sie ins Gespräch zu ziehen, mit ihnen in Dialog zu treten und frischen Wind ins ›Schema F‹ uneffektiver Besprechungspraxis zu bringen.*
>
> *Noch misstrauisch, schlugen die Verkäufer ihrer Geschäftsleitung ›Spielregeln‹ für das wöchentliche Meeting vor: Jeder darf zu Wort kommen, die sachliche Kritik der Mitarbeiter ist erlaubt, Einwände sind gestattet, eigene Ideen erbeten, persönliche Teilnahme gefordert. Die Redezeit für jeden Teilnehmer ist begrenzt. ›Bitte mischen Sie sich ein‹, bat der Verkaufsleiter am Kopfende des Tisches, ›schließlich geht es um Ihre Arbeit.‹«*

(Hans Walter Putze: Aus Besprechungen sollten nicht nur Protokolle herauskommen. In: Handelsblatt 153/1996.)

Auch wenn es noch so banal klingt, erfahrene Trainer raten, vor einer Besprechung die Fakten, um die es bei der Besprechung gehen soll, klar auf den Tisch zu legen und alle Teilnehmer vollständig in das Geschehen einzubinden.

Dazu einige kurze Hinweise, wie Sie mit wenigen »Handgriffen« Meetings, Besprechungen, Konferenzen usw. vorbereiten und durchführen können. Legen Sie auch vorher fest, um welche Art der Besprechung es gehen soll:

- ❖ Informationsgespräch,
- ❖ Meinungsaustausch,
- ❖ Entscheidungsfindung (Maßnahmen und Ziele) oder
- ❖ Gruppendiskussion.

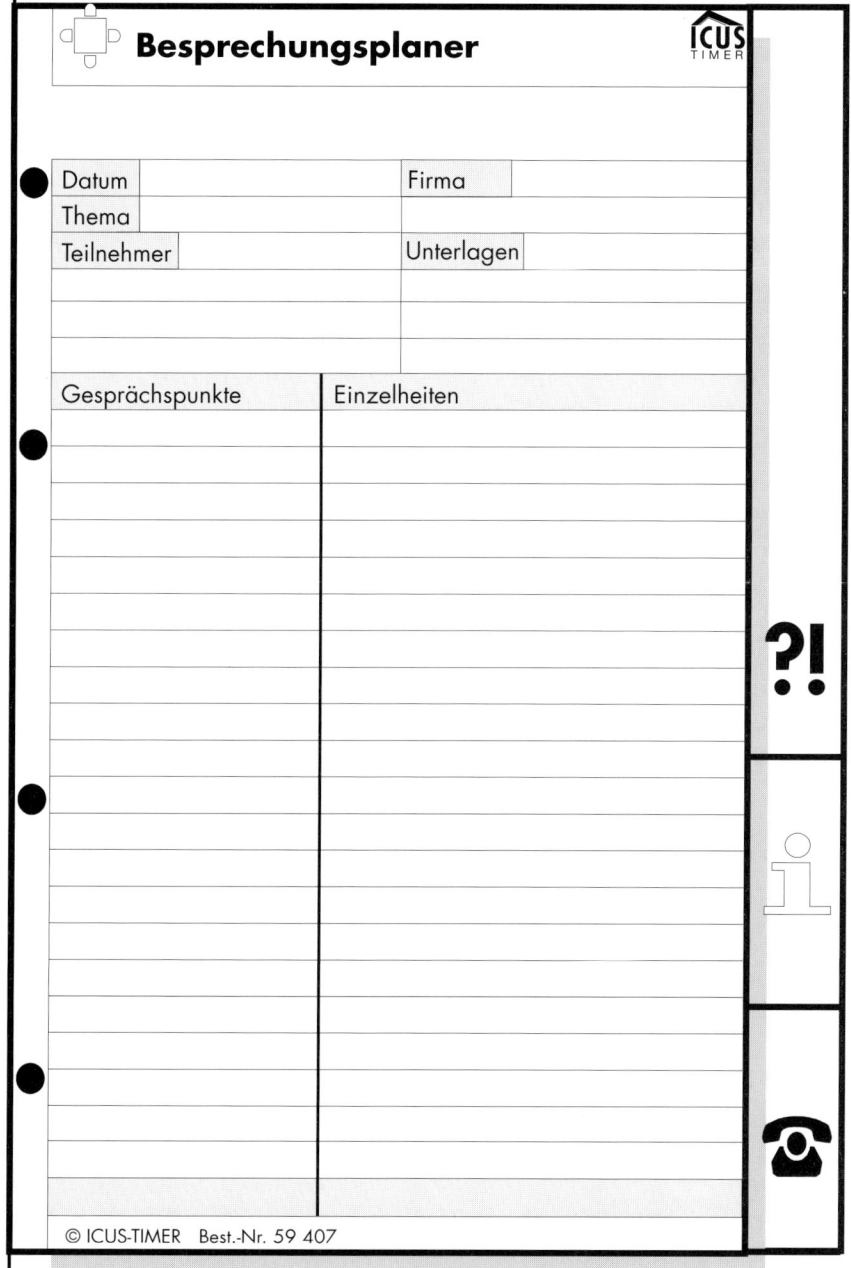

Besprechungsplaner

Datum		Firma	
Thema			
Teilnehmer		Unterlagen	

Gesprächspunkte	Einzelheiten

© ICUS-TIMER   Best.-Nr. 59 407

Planen Sie Ihre
Besprechungen,
benutzen Sie
Planungsvorlagen:

Halten Sie fest:
– Thema,
– Gesprächspunkte
  in Stichworten,
– eventuelle
  Einzelaspekte,
– das Ergebnis.

Es würde an dieser Stelle jedoch zu weit führen, über jeden der oben angeführten Punkte gesondert zu reden. Deshalb wollen wir uns hier auf den allgemeinen Begriff »Besprechung« konzentrieren.

Bereiten Sie deshalb Besprechungen nach folgenden Kriterien vor:

Drei-Z-Methode

❖ Zweck ❖ Ziel ❖ Zeit

Legen Sie fest, warum diese Besprechung stattfinden soll (Hintergründe aufzeigen), welches Ziel verfolgt werden soll und vor allem in welcher Zeit das geschehen soll. Machen Sie sich auch Gedanken über benötigte Unterlagen und den Teilnehmerkreis.

Halten Sie Inhalte, die angesprochen werden sollen, in Stichworten fest und behalten Sie die »Zügel« in der Hand. Sorgen Sie zunächst dafür, dass alle Beteiligten den gleichen Informationsstand bekommen:

Phase I   **Informationsaustausch**

Damit alle Anwesenden diesen Informationen folgen und im späteren Verlauf der Besprechung darüber befinden können, ist es notwendig, diese Informationen für alle sichtbar darzustellen (Flipchart, Folien, Tischpapiere usw.).

Phase II   **Visualisierung** (Darstellung der Informationen)

Erst wenn alle Informationen (Darstellung, Denkansätze, Lösungsansätze usw.) auf »dem Tisch liegen«, erfolgt die Phase der Bewertung einzelner Aspekte.

Phase III   **Informationsbewertung**

Auf die strikte Trennung zwischen diesen Phasen zu achten ist Aufgabe des Leiters bzw. des Moderators. Besonders sollte diese Trennung jedoch zwischen den Phasen I/II auf der einen Seite und Phase III auf der anderen Seite erfolgen.

Am Schluss der Besprechung steht dann natürlich die Feststellung des erreichten Zieles, des Ergebnisses.

Phase IV/a   **Schlussphase IV/a**
              Feststellung des Erreichten.

Aber auch wenn das gesetzte Ziel in der vorgegebenen Zeit nicht erreicht werden konnte, so vertagen Sie diese Besprechung mit folgenden zu beachtenden Punkten:

Phase IV/b   **Schlussphase IV/b**
              Bisheriges Ergebnis,
              weiteres Vorgehen,
              konkrete Aufgabenstellung,
              feste Terminvereinbarung.

Selbstorganisation

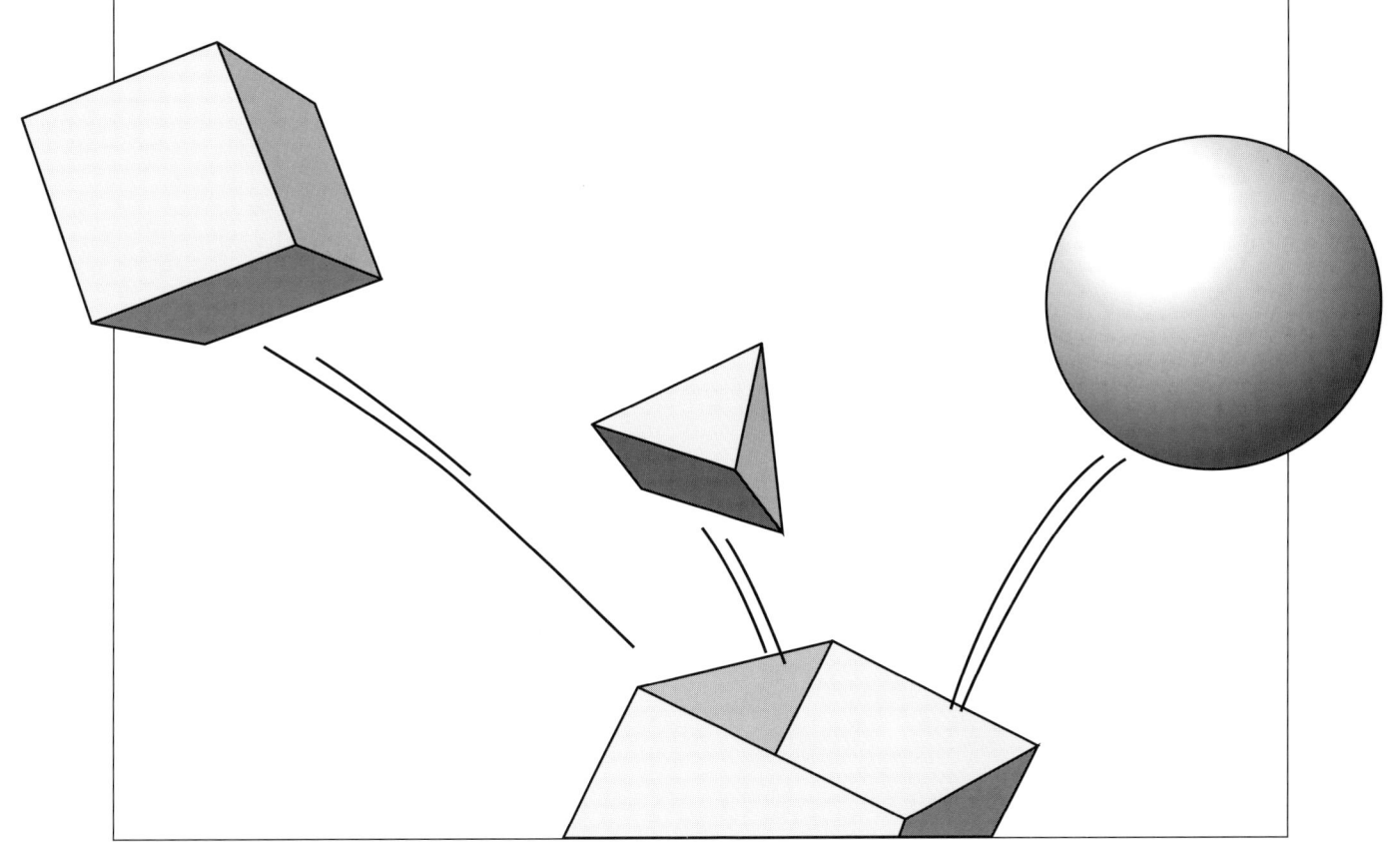

In diesem Kapitel

❖ erfahren Sie, wie Sie die Tagesleistungsfähigkeit anhand der Leistungskurve erkennen und daraus eigene Rückschlüsse für Ihren Tagesrhythmus ziehen können;

❖ lernen Sie den Begriff »Stress« als einen wesentlichen Reaktionsfaktor in Bezug auf den Organismus kennen;

❖ sollen Sie lernen, mit dem »Stress« umzugehen und dadurch Ihre Gesundheit und Leistungsfähigkeit zu erhalten.

Tagesrhythmus der Leistungsbereitschaft

Jeder Mensch hat sein persönliches Leistungsprofil. Hierzu gehört auch ein individueller Arbeits- und Lebensrhythmus. Zu bestimmten Tageszeiten ist die Leistungsbereitschaft und -fähigkeit größer oder kleiner. So spricht man beispielsweise vom Morgenmuffel oder vom Nachtmenschen. Im Durchschnitt ergibt sich nachstehender Tagesrhythmus im Hinblick auf die Leistungsfähigkeit eines Menschen.

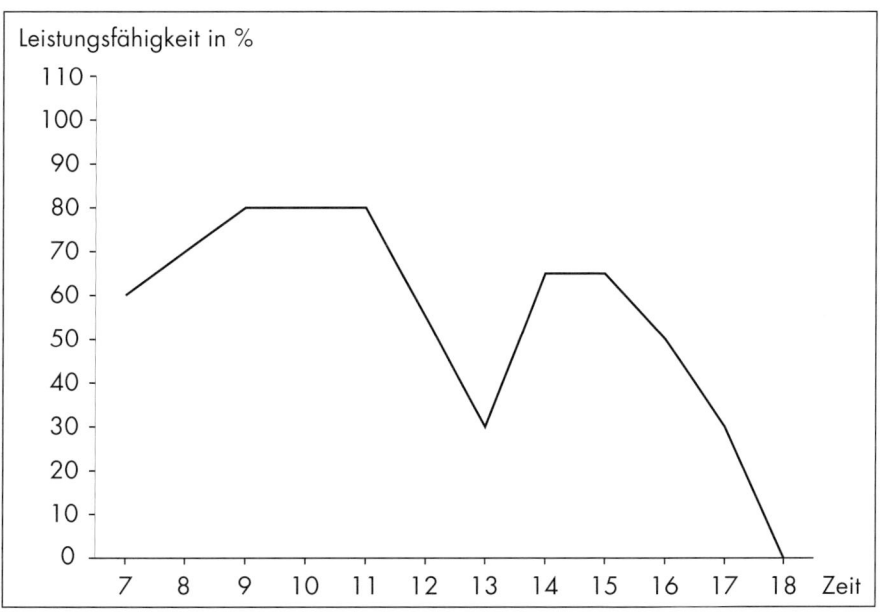

Die Leistungsfähigkeit des Durchschnittsmenschen entspricht diesem Kurvenverlauf. Er wird aus dem Leistungstief der Nacht langsam in die Höhe getragen und erreicht sein Leistungshoch zwischen 8.00 Uhr und 11.00 Uhr am Vormittag.

89

Die Leistungsfähigkeit fällt danach steil ab und erreicht einen Tiefpunkt zwischen 12.30 Uhr und 13.30 Uhr. Dieser Tiefpunkt wird durch eine üppige Mahlzeit und/oder Alkohol noch verstärkt, er tritt aber auch ein, wenn nur eine leichte Mahlzeit, z.B. Salat, eingenommen wird.

Ihren zweiten Höhepunkt erreicht die Leistungsfähigkeit zwischen 14.00 Uhr und 15.30 Uhr. Er ist aber deutlich niedriger als am Vormittag und entspricht etwa der Leistungsfähigkeit um 11.30 Uhr bzw. 12.00 Uhr. Für die Praxis bedeutet das, dass der Leistungshöhepunkt am Vormittag liegt. Zu dieser Zeit sind wir am leistungsstärksten und aktivsten.

Dieses Niveau wird während des weiteren Tagesablaufes nicht wieder erreicht – es sei denn mit wesentlich mehr Energieaufwand. Das bedeutet dann auch, zu dieser Zeit sollten Aufgaben erledigt werden, die sehr viel Konzentration erfordern.

Nach der »Mittagspause« tritt das berühmte Leistungstief ein, auch dann, wenn Sie auf ein opulentes Mahl verzichten.

Jeder ist diesen Schwankungen in der Leistungsfähigkeit mehr oder weniger stark ausgesetzt. Das hängt zum einen von der »Tagesverfassung« ab und zum zweiten von dem Aspekt, den die Wissenschaft »*Frührhythmiker*« (Morgenmenschen) bzw. »*Spätrhythmiker*« (Abendmenschen, Nachteulen) nennt.

Erstere können besonders gut am (frühen) Morgen arbeiten, sind aber dafür am Nachmittag bzw. frühen Abend eher müde und abgespannt. Die zweite Gruppe kommt erst am späten Vormittag so richtig in »Schwung«, kann dafür aber bis in den »späten« Abend hinein arbeiten. Für »unseren« Kurvenverlauf heißt das, dass sich dieser entsprechend nach links oder rechts verschieben kann.

Beeinflussen können Sie den Kurvenverlauf (bis zu bestimmten Grenzen) auch durch selbstmotivierende Aufgaben. Denn sonst wäre es zum Beispiel nicht möglich, noch abends Fortbildungskurse zu besuchen. Das aber (auch) nur deshalb, weil es eben Spaß macht. Ebenso können Sie das Mittagstief durch entsprechend gestaltete Aufgaben für sich positiv beeinflussen. Nutzen Sie diese Phase beispielsweise für soziale Kontakte (Arbeitsessen, kurze Besprechungen usw.) oder für Routinearbeiten, die Sie motivieren.

Die Gesundheit

Belastung und Beschwerden signalisiert der Organismus in der Regel recht deutlich. Die täglichen Beanspruchungen durch die Arbeit veranlassen jedoch viele Menschen, nicht zuletzt gestresste Führungskräfte, die Warnsignale des Körpers wie Schlafstörungen, Magenprobleme, Kopfschmerzen, Rheuma, Infektionskrankheiten sowie Herz- und Kreislaufbeschwerden geflissentlich zu überhören.

Befragungen von Bundesbürgern haben gezeigt, dass die meisten Menschen ihre Gesundheit als höchstes Gut bewerten. Umso erstaunlicher ist es, dass sie, solange sich keine gravierenden akuten Beschwerden zeigen, relativ wenig für ihre Gesundheit tun: Der eine will nicht auf das üppige Mittagessen verzichten, der andere nicht auf das Rauchen, dem Dritten ist das gemütliche Sofa wichtiger als zum Beispiel ein abendlicher Spaziergang.

Erkenntnisse erlangen

Eine grundlegende Voraussetzung dafür, die Gesundheit zu stabilisieren und gesundheitsorientiertes Verhalten zu praktizieren, liegt in der Erkenntnis der wichtigsten Möglichkeiten, den Gesundheitszustand zu beeinflussen.

Vier Ansatzpunkte eines gesundheitsbewussten Verhaltens sind:

- ❖ richtiger Gebrauch aller psychischen Ressourcen,
- ❖ optimale Atmung,
- ❖ bedarfsgerechte Ernährung,
- ❖ ausreichende Bewegung.

Gesundheit ist nicht alles, aber ohne Gesundheit ist alles nichts.

Als erwachsener Mensch tragen wir die Verantwortung für unsere Gesundheit selbst. Zum verantwortlichen Umgang mit ihr gehören neben einer ausgewogenen, möglichst naturbelassenen Ernährung das rechte Maß an Bewegung und Ruhe, Gelassenheit und Freude an sinnvoller Tätigkeit an jedem Tag, der uns geschenkt ist.

Konflikte bewältigen

Wir alle streben nach Erfolg, Anerkennung und Geltung, nach Sicherheit und Geborgenheit, nach Sympathie und Liebe, mitunter auch nach Macht und Autorität.

Zwischenmenschliche Konflikte treten in der Regel auf, wenn die eigenen Bedürfnisse mit denen anderer Menschen unvereinbar sind.

Innere Konflikte entstehen, wenn es einem Menschen nicht gelingt, die eigenen Wünsche und Bedürfnisse miteinander in Einklang zu bringen.

Ein Leben ohne Konflikte ist nicht zu verwirklichen. Konfliktbewältigungen müssen vielmehr als unabdingbare Voraussetzungen der Persönlichkeitsentwicklung angesehen werden.

Der Stress

Stress – Aufteilung nach Ursachen

❖ Physikalisch:
  - Lärm, Hitze, Kälte,
  - negative Gerüche,
  - Nässe, falsche Beleuchtung.

❖ Organisatorisch:
  - körperliche oder geistige Über- und Unterfunktion,
  - Zeitdruck,
  - Nachtarbeit, Überstunden.

❖ Psychosozial:
  - Konflikt im Team/schlechtes Arbeitsklima,
  - Unsicherheit des Arbeitsplatzes,
  - mangelnde Anerkennung,
  - unbefriedigende Bezahlung.

»Stress: von H. Selye 1936 geprägter Begriff für ein generelles Reaktionsmuster, das Tiere und Menschen als Antwort auf erhöhte Beanspruchung zeigen.«

Aus: Meyers Enzyklopädisches Lexikon

Der Ernährungswissenschaftler Professor Dr. Michael Hamm, der Orthopäde Dr. Dieter Langerström und der Berater Franz Lautenschläger zeigen in ihrem heiteren Ratgeber »Die Ganzheits-Fitness gegen das Manager-Syndrom« (München) eine typische Voraussetzung für Stress auf. Denn beide Managerseelen in friedlicher Koexistenz zu halten, das ist eine Gratwanderung und somit Stress.

Doch die seelisch und körperlich erlittene Diskrepanz zwischen höheren Wünschen und herber Wirklichkeit ist wahrscheinlich kein Managerprivileg.

Inzwischen hat sich im öffentlichen Bewusstsein und in der jedermann zugänglichen Literatur niedergeschlagen, was Wissenschaftler wie der Kölner Sportmediziner Professor Dr. Wildor Hollmann bereits seit Jahren wissen und predigen. Nur zugehört hat ihnen wohl bisher keiner.

Der prächtige, aber durchaus ernst zu nehmende Rat von Hamm, M./Langerström, D./Lautenschläger, F. (s. Literaturverzeichnis), kann sich also nicht mehr nur an Führungskräfte und Topmanager richten:

> *»Fangen Sie an, Ihre Karriere mit Gelassenheit zu managen.*
> *Haben Sie immer das imaginäre Gänseblümchen im Mund.«*

Natürlich fallen die immens hohen Kosten ins Auge, die ein Unternehmen für den Einsatz ihres an einem Herzinfarkt verstorbenen Vorstandsvorsitzenden aufbringen muss. Aber wenn beispielsweise die American Heart Association schätzt, dass der wirtschaftliche Schaden durch Menschen mit Erkrankungen der Herzkranzgefäße bereits im Jahr 1981 über 35 Milliarden Dollar betrug und die amerikanische Industrie im gleichen Jahr elf Milliarden Dollar durch Produktionseinbußen aufgrund von Erkrankungen der Herzkranzgefäße hinnehmen musste, so zeigt das die hierarchieüberschreitende Verbreitung des Infarktauslösers Stress. Am ehesten sind es noch die Mitarbeiter in mittleren und unteren Positionen, die unter extremer Stressbelastung stehen. Sie sind als Puffer zwischen Oben und Unten besonderem psychischen Druck ausgesetzt.

In der Tat ist nicht jeder Stress schädlich. Seit der »Vater des Stresses«, der kanadische Arzt Hans Selye, »allen Sprachen der Welt ein neues Wort geschenkt hat«, unterscheiden Wissenschaftler zwischen leistungsförderndem *Eustress*, dessen positive Aktivation unter Umständen sogar zu einer zusätzlichen Motivation führt, und *Distress*. Dieser kann – muss aber nicht – schädlich sein.

Quick und Jonathan schreiben in ihrem mittlerweile fast zum Klassiker gewordenen Buch »Unternehmen ohne Stress« (s. Literaturverzeichnis): »Das Ergebnis eines stressbeladenen Ereignisses hängt davon ab, wie das Individuum damit umgeht. So können zum Beispiel Menschen, die sich selbst bei kreativer Arbeit unter Stress setzen, von ihren selbst auferlegten Anforderungen profitieren.«

Anforderung – und zwar in den beiden Extremen von Unter- und Überforderung – scheinen das Lösungswort für Stress zu sein. Dr. Iwer Diedrichsen, Professor für angewandte Psychologie an der Universität Hohenheim: »Die Leistungsmotivationsforschung hat gezeigt, dass Individuen am ehesten durch Aufgaben mittleren Schwierigkeitsgrads zu motivieren sind. Sie wollen gefordert, aber nicht überfordert werden. Unterforderung wirkt genauso belastend und schädigend auf das Individuum wie Überforderung.« Das gesunde Mittelmaß soll bei durchschnittlichen 80 Prozent der eigenen Leistungsfähigkeit liegen.

Der Sozialpsychologe Gilbert Brim meint: »Wir wählen Aufgaben, die schwierig genug sind, um uns zu fordern und unsere Fähigkeiten auszuprobieren, aber doch nicht zu knifflig, dass wir mit einem schweren Fehlschlag rechnen müssen.« Der Haken dabei ist nur, dass sich ehrgeizige Menschen im eigenen Erfolg verfangen können. Bei jedem positiven Arbeitsergebnis erhöhen sie den Schwierigkeitsgrad. Weiter führt Gilbert Brim aus: »Sie steigen eine Leiter von Nahzielen hinauf, kommen immer schneller voran, entwickeln Ambitionen und erreichen irgendwann die Grenze ihrer Leistungsfähigkeit. Sie haben Positionen erreicht, die einen immer größeren Anteil ihres Leistungsvermögens in Anspruch nehmen: bis zu 90 oder 100 Prozent, und hier beginnt die Hektik.«

Stress – vom Sammelbegriff zur Definition

Über Stress wird heute überall geklagt und Wissenschaftler sind bemüht, ihn bei Orchestermusikern, Hausfrauen, Arbeitern, Führungskräften, Lehrern, Schülern, Patienten, Raumfahrern usw. nachzuweisen. Sie sind auf der Spur des negativen Stresses, der durch Abgeschlagenheit, schlechte Stimmung, Hektik und sogar Erkrankung bekannt ist. Der positive Stress, der motiviert und beschwingt, der die Körperfunktionen durch Gebrauch stärkt und im Grunde der Motor des Lebens ist, steht ganz in seinem Schatten. Dabei wird gerne übersehen, dass es der positive Stress ist, der angestrebt wird, wenn man sich daranmacht, etwas für die Stressbewältigung zu tun.

Der Begriff Stress kommt ursprünglich aus der Werkstoffkunde. Er bezeichnet den Zustand von Materialien, die mit Druck oder Zug belastet

> »Zur Beruhigung des Gemüts trägt angemessene Beschäftigung viel bei.«
> *Wilhelm von Humboldt*

95

sind. Dabei treten Spannungen auf. »Spannung« ist auch der zentrale Begriff des hier vorgestellten Stressmodells.

Hans Selye, der Vater der Stressforschung, führte den Begriff in den dreißiger Jahren in der Medizin ein. Er beschrieb damit eine Reaktion des Organismus, die immer dann auftritt, wenn er sich an eine neue Situation anpassen muss. Zuerst beobachtete Selye die Stressreaktion als eine Antwort des Körpers auf eine schädliche Substanz. Wie sich später herausstellte, tritt sie jedoch genauso auf, wenn er sich mit einer Verletzung oder Erkrankung auseinander setzen muss. Sogar bei starken Gefühlen, geistigen Aufgaben oder psychischen Belastungen reagiert der Körper auf dieselbe Weise mit einer Aktivierung bestimmter Funktionen. Diese versetzen ihn in die Lage, die eingetretene Situation zu bewältigen.

Einige der aktivierten Funktionen, z.B. eine erhöhte Herzfrequenz oder vertiefte Atmung, sind, wenn man darauf achtet, gut wahrzunehmen. Andere Veränderungen entziehen sich dem Bewusstsein. Was man jedoch leicht spüren kann, ist eine mehr oder weniger starke innere Spannung.

Spannung ist eine Grundvoraussetzung des Lebens. Jede Zelle des Körpers braucht ein gewisses Maß an Spannung, um funktionieren zu können.

Im Laufe eines Tages wechselt die Spannung entsprechend den Situationen, die bewältigt werden müssen. Im Schlaf ist die Spannung beispielsweise geringer als beim Dösen auf dem Sofa; bei intensiver Arbeit steigert sie sich und gelegentlich kann sie sich bis zur Verspannung aufschaukeln, die dann mit einer Einschränkung der Leistungsfähigkeit und mit körperlichen Beschwerden einhergeht.

Merke:
Eustress =
»negativer« Stress
Distress =
»positiver« Stress

Der Wechsel der Spannungsintensitäten kann in zwei verschiedenen Grundmustern vonstatten gehen. Sie werden als Eustress (eu [gr.] = gut) und Distress (dis [gr.] = schlecht) bezeichnet.

Wechseln sich Spannungsaufbau und Spannungsabbau regelmäßig ab, spricht man vom Eustress. Nach jeder Aktivierung (Spannungsaufbau), durch die situationsentsprechende Leistung erst erbracht werden kann, folgt eine Entspannungsphase, in der sich Körper, Seele und Geist regenerieren. Die Entspannungsphasen können je nach individueller Konstitution, Kondition und Motivation wenige Minuten, einige Stunden oder auch Tage dauern.

Charakteristisch für einen Menschen im Eustress ist seine hohe Motivation, sich für die Erreichung eines Ziels einzusetzen (die situationsentsprechende Leistung zu erbringen), verbunden mit Wohlbefinden und Selbstvertrauen. Ein Mensch im Eustress hat eine angenehme Ausstrahlung, verbreitet ein gutes Klima und kann auf andere motivierend wirken.

> »Die Ruhe ist wohl das Beste von allem Glück der Welt.«
> *Wilhelm Waiblinger*

Steigert sich die Spannung durch fehlenden Spannungsabbau, kommt es zur Entwicklung von Distress.

Der Spannungsanstieg kommt durch Zeitdruck (z.B. zu viele aufeinander folgende Aufgaben) ohne Gelegenheit zur Entspannung oder durch mangelnden physischen und psychischen Spannungsabbau zustande.

Am Abend eines einzelnen Distresstages stellen sich Erschöpfung und Lustlosigkeit ein. Man fühlt sich »kaputt« und unzufrieden. Hält eine solche Entwicklung über Wochen und Monate an, erschöpfen sich die Kraftreserven (»Burnoutsyndrom«). Es kommt zum »psychovegetativen Zusammenbruch« oder zu manifesten Erkrankungen. Eine Distresssituation kann jedoch auch ganz plötzlich auftreten und zum sofortigen Tode führen. Das passiert beispielsweise, wenn nach einem Unfall ein lebensgefährlicher Schock auftritt, oder durch psychische Einflüsse wie z.B. bei Voodootod.

Distressursachen:

- ❖ mangelnder Spannungsabbau (körperlich);
- ❖ zu wenig Regenerationsphasen (Zeitmangel);
- ❖ mangelnder Spannungsabbau (psychisch: Ängste, Frustrationen).

Ursprung der Stressreaktion: Bereitschaft zu Kampf und Flucht

Die Stressreaktion haben wir von unseren Vorfahren, den Säugetieren, geerbt. Wie bei diesen bestand der Lebensinhalt der »Ur«menschen darin, für Kleidung, Nahrung und schützende Unterkunft zu sorgen, damit sie überleben und sich fortpflanzen konnten. Das Leben in einem Verband, der die »Nestwärme«, soziale und sexuelle Kontakte sowie ein gewisses

Maß an Sicherheit ermöglichte, war von wenigen, aber überlebensnotwendigen Bedürfnissen bestimmt. Trat eines der Bedürfnisse in Erscheinung, wurde der Mensch aktiv, um es unmittelbar zu befriedigen. Das Maß der Aktivierung war dann von der jeweiligen Tätigkeit abhängig. Bei der Nahrungssuche z.B. war eine geringere Aktivierung nötig als in einer Gefahrensituation, in der es darum ging, feindlichen Menschen, wilden Tieren oder Naturkatastrophen zu entkommen. Dazu war der frühe Mensch vor allem auf eine sekundenschnelle Mobilisierung aller Kräfte angewiesen. Der Körper baute schlagartig eine hohe Spannung auf und versetzte ihn damit in die Lage, sich durch Kampf oder Flucht zu retten. Man nennt die Stressreaktion deshalb auch gelegentlich »Kampf- und Fluchtreaktion«.

Schwere Verletzungen oder lange Hungerzeiten waren wahrscheinlich die Ausnahmen, in denen es zu Distress mit letztendlich tödlichen Folgen kam. Man nennt den Zusammenbruch der Widerstandskräfte bei aussichtsloser Lage auch »Niederlagereaktion«. Davon abgesehen, lebte der »Ur«mensch wohl im Eustress.

Auch heute noch geschieht die Aktivierung unseres Organismus vollautomatisch. Die Ursachen und unser Umgang mit der Aktivierung haben sich jedoch völlig geändert. Die Folge: Distress greift um sich und verleidet uns das Leben.

Ursachen für Distress: Zu viel im Kopf, zu wenig in den Beinen

Mit zunehmender Zivilisation veränderten sich die Bedürfnisse des Menschen. Er wurde nicht mehr nur zur Befriedigung der Grundbedürfnisse aktiv, sondern entwickelte neue Vorstellungen und Werte, für die er sich einsetzte.

Wird ein derartiges Ziel nicht erreicht, kommt es zum Spannungsanstieg, da das innere Signal zur Entspannung ausbleibt. Dies geschieht so lange, bis der Betreffende das Interesse verliert und aufgibt (durch geänderte Bewertung des Ziels) oder sich in der vergeblichen Bemühung völlig erschöpft und zusammenbricht.

Die Frustration dieser neuen Bedürfnisse führt jedoch nicht unmittelbar zum Tode, wie es bei nicht erfüllten Grundbedürfnissen der Fall ist. So konnte sich der Distress überhaupt erst zu einer langwierigen, fast unmerklich sich steigernden Verschlechterung der körperlichen, seelischen und geistigen Fähigkeiten entwickeln.

Natürlich aktivieren uns heute nach wie vor Hunger, Sexualtrieb und der Wunsch nach Kontakt zu anderen Menschen. Am deutlichsten zeigen dies kleine Kinder, die ihren Forderungen lautstark Gehör verschaffen und dabei enorm unter Stress geraten können.

Die Bedürfnisse, Ziele und Werte, die uns heute aktivieren, sind sehr zahlreich, oft kompliziert zu befriedigen und zum Teil sogar miteinander nur sehr schwer zu vereinbaren (z.B. Karriere und Familie).

Die Familie, Schule und nähere soziale Umwelt liefern die Modelle für die individuelle Ausprägung der Werte. Die Nahrung muss z.B. von ganz bestimmter Qualität sein, an Wohnen, Kleidung und Fortbewegung werden ganz persönliche Ansprüche gestellt. Der soziale Kontakt soll Anerkennung, Achtung, Lob, Liebe und Status einbringen. Persönliche Freiheit, Sicherheit, Leistungsfähigkeit und das Erlebnis schöpferischer Kraft sind uns heute wichtig. Dafür mobilisieren wir automatisch Energie, werfen uns ins Zeug, bauen Spannung auf. Und zwar umso mehr, je stärker wir uns mit den Werten identifizieren und ihre Nichterfüllung als etwas Lebensbedrohendes ansehen.

Hinzu kommen sozial erlernte Verhaltensmuster (z.B. immer die Verantwortung zu übernehmen), Selbstbilder (»Ich bin immer perfekt«) und persönliche Gewohnheiten (beispielsweise immer alles bis zum Schluss aufzuschieben), mit denen man sich selbst Distress erzeugen kann.

Heutige Bedürfnisse

Sachliche: Arbeitsplatz, Gehalt, Kleidung, Nahrung, Wohnung, Auto, Möbel etc.

Soziale: Lob, Wertschätzung, Anerkennung, Loyalität, Zuwendung, Image, Titel, Aufstieg, Liebe, Macht etc.

Individuelle: Selbstachtung, Freude, Freiheit, Kompetenz, Selbstverwirklichung, Selbstvertrauen, Kraft, Stärke, Sicherheit, Attraktivität etc.

Aussicht auf Bedürfnisbefriedigung aktiviert. Frustration verhindert Entspannung und führt zu Distress. Die Veränderung der Lebens- und Arbeitsbedingungen in Bezug auf die körperlichen Anforderungen führt zusätzlich zur Entwicklung von Distress. Die Möglichkeit, aufgebaute Spannungen abzuarbeiten und sich entsprechend der biologisch vorgesehenen Höchstleistung zu betätigen, ist gering. Kampf und Flucht finden nicht tatsächlich, sondern im übertragenen Sinne statt. Man bekämpft sich mit Worten oder zieht sich schmollend hinter seine Argumenten zurück – die Spannung des Organismus steigt.

Veränderungen an Körper, Seele und Geist

Die Aktivierung des Körpers in einer Gefahrensituation oder bei Aussicht auf Bedürfnisbefriedigung geschieht vollautomatisch. Gesteuert wird sie über einen Ast des vegetativen Nervensystems, den Sympathikus. Dieser bewirkt eine Freisetzung des Stresshormons ACTH (Adrenocortikotropes Hormon), das wiederum in der Nebennierenrinde zur Freisetzung von Kortison, Adrenalin und Noradrenalin führt.

Auch Prolaktin, das brustdrüsenstimulierende Hormon, Wachstumshormon und ADH werden ausgeschüttet. Insgesamt kommt es zu einer Steigerung der Atmung und der Herztätigkeit, zu Blutdruckerhöhung und Ausschüttung von Zucker und Fetten als Energielieferanten in die Blutbahn. Die Durchblutung der Körperperipherie wird gedrosselt, damit möglichst viel Blut die arbeitende Muskulatur versorgen kann. (Deshalb kommt es zu kalten Händen und Füßen und der bleichen Nasenspitze in einer akuten Stress-Situation.) Die Muskeln sind (wie bei einer Katze vor dem Sprung) angespannt, damit sie im entscheidenden Moment mehr Schnellkraft entwickeln können. Die Blutgerinnungsfähigkeit steigt an, damit im Falle einer Verletzung die Wunde rasch verschlossen wird. Die Aktivierung wirkt sich auch auf die Stimmung und die geistige Leistungsfähigkeit aus. Je nach Stärke der Stressreaktion ist man situationsgerecht motiviert, verbissen am Werk oder sogar aggressiv. Die Aufmerksamkeit ist mit allen Sinnen auf die Gefahrenquelle bzw. das zu erreichende Ziel gerichtet. Andere Reize der Umgebung werden ausgeblendet.

Bei entsprechender Aktivierung kann sogar köperlicher Schmerz unbemerkt bleiben, weil Endorphine, die bei großer Belastung freigesetzten körpereigenen Opiate, ihn unterdrücken. Bekannte Beispiele sind Unfallopfer, die oft stärkste Verletzungen nicht bemerken.

Die freigesetzten Stresshormone bewirken im Gehirn nämlich eine Blockade der Informationsaufnahme und -speicherung. Übersehen und Überhören von Informationen, Vergesslichkeit bis zur völligen Gedächtnislücke, Fehlentscheidungen und Konzentrationsschwäche können dadurch ebenfalls auftreten. Im Grunde ist dieser Mechanismus von der Natur sinnvoll entwickelt worden. Wer in der Gefahr noch überlegen wollte, wie er sich am besten zur Wehr setzt, wäre unter Umständen schon verloren. Alle Handlungen müssen reflexartig und zielgerichtet sein, um die Notlage zu bewältigen.

Während der Aktivierung durch den Sympathikus sind alle momentan nicht relevanten Funktionen des Körpers abgeschaltet. Dazu gehören Verdauung, aufbauender Stoffwechsel, Fortpflanzung und Infektionsabwehr. Die Spannung steigt jedoch rapide an.

Ist die Gefahr dann vorüber bzw. das Ziel erreicht, bekommt der Organismus das Signal zur Entspannung und Erholung. Der Gegenspieler des Sympathikus, der Parasympathikus (Vagus), übernimmt nun die Steuerung. Verdauungssäfte und Magen-Darm-Peristaltik, Stoffwechsel und Hormone führen Regeneration und Energieaufbau herbei. Der Organismus bereitet sich auf die nächste Anforderung vor.

Dieser Eustressprozess erhält die körperliche, seelische und geistige Leistungsfähigkeit, sorgt für eine ausgeglichene Stimmungslage und ermöglicht zufriedenstellende menschliche Beziehungen.

Bleibt der Organismus bei einer Distressentwicklung über längere Zeit unter der Herrschaft des Sympathikus, führt die anhaltende Überaktivierung zu bestimmten Störungen. Hier einige Beispiele: Bluthochdruck und Herz-Kreislauf-Erkrankungen, Libido-, Potenz- und Zyklusstörungen, steigende Infarktanfälligkeit (durch Kortison), Ablagerungen in den Gefäßen und damit Entwicklung einer Arteriosklerose, die wiederum Herz-Kreislauf-Erkrankungen bewirkt (durch nicht abgebaute Fette und den Blutzucker), Abgeschlagenheit und Hektik (unausgeglichene vegetative Steuerung), Gefühl von Überforderung, Gereiztheit und Konzentrationsschwäche.

Schließlich mündet die Überaktivierung im Zusammenbruch. Es kommt zur Unteraktivierung (auch Niederlagereaktion).

Jetzt sind Verdauungsbeschwerden typisch, auch Magen-Darm-Geschwüre kommen gehäuft vor. Niedriger Blutdruck (Schwindel, keinen Gedanken fassen können) und Atembeschwerden stellen sich ein. Eine niedergeschlagene, mutlose Stimmung macht sich breit, die sich bis zur Depression steigern kann. Bei Interesselosigkeit und völlig fehlender Motivation sinkt die Leistungsfähigkeit in allen Bereichen ab.

Im Distress ist man für die entsprechenden Situationen entweder über- oder unteraktiviert. Alle Bemühungen der Stressbewältigung zielen darauf ab, dieses Ungleichgewicht in einen situaionsgerechten Wechsel der Spannungsintensitäten im Eustress zu überführen.

Statistisches Bundesamt: Todesfälle 1987	
49,8 %	Herz-Kreislauf-Erkrankungen (davon 25 % Herzinfarkt)
24,0 %	Krebserkrankungen
6,0 %	Erkrankungen der Atmungsorgane
5,0 %	Erkrankungen des Verdauungstraktes
1,7 %	Verkehrstote
1,1 %	Selbstmorde

Wege zur Entspannung

Stress und Hektik sind oft unvermeidbar, aber es gibt ein Gegenmittel: Entspannungsverfahren versetzen uns in die Lage, tiefe Ruhe und Erholung zu erreichen.

Schon Goethe empfahl, Muße zu suchen und zu pflegen, und das hat auch heute noch Gültigkeit: Harmonien, die sich in Farben, Formen, Düften und Klängen kundtun, sind Speise für die Seele – sie lebt davon. Positive Kräfte wie Freude, Mut und Hoffnung werden aufgebaut. Legen Sie daher bewusst ein individuelles Kontrastprogramm ein, wenn Sie sich nach getaner Arbeit entspannen oder anderen Beschäftigungen zuwenden wollen: Versuchen Sie abzuschalten, je nach Motivation durch Bewegung oder Ruhe, erfrischen Sie sich anschließend, nehmen Sie sich zirka 30 Minuten Zeit. Sie und Ihre Familie haben dann mehr vom Rest des Tages.

> »Man sollte täglich ein gutes Bild ansehen, ein schönes Gedicht lesen und ein Musikstück hören.«
> *Goethe*

Das wichtigste Grundelement der Fitness ist die Fähigkeit des Herzens, der Blutgefäße und des Blutes, den Sauerstoff auf Dauer in das benötigte Gewebe zu transportieren. Je größer die Sauerstoffmenge ist, die zur Muskulatur gesendet wird, umso besser funktionieren die Muskeln.

Mit Powertricks gegen den Stress

Powertrick 1: Die Lebensgeister wecken. Am besten mit einer Wechseldusche – immer in Richtung zum Herzen: von den Füßen zu den Oberschenkeln, von den Händen zu den Schultern. Tip: Die Wechseldusche im Winter mit warmem und im Sommer mit kaltem Wasser beenden.

Powertrick 2: Energie einatmen. Vor dem Frühstück im Freien oder bei geöffnetem Fenster durchgeführt, aktiviert diese aus dem Yoga stammende Atemübung die Lebensenergie. Aufrecht und entspannt hinstellen, Arme fallen lassen, den Kopf auf dem obersten Halswirbel ruhen lassen. Tief durch die Nase einatmen und so lange den Atem anhalten, wie es bequem möglich ist. Dann langsam wieder ausatmen. Diesen Atemrhythmus dreimal wiederholen. Tip: Diese Übung vertreibt auch die Müdigkeit nach dem Mittagessen und bei längeren Autofahrten. Vorsicht: Niemals während einer Autofahrt praktizieren, sondern stets bei einer Pause auf dem Parkplatz.

Powertrick 3: Stark wie ein Baum. Locker und aufrecht hinstellen, den Rücken entspannen und Schultern fallen lassen. Ruhig und gleichmäßig atmen. Dann visualisieren, dass aus den Fußsohlen kräftige Wurzeln tief in den Boden wachsen. Wenn man sich mit der Erde verbunden fühlt, dann vorstellen, wie durch die Wurzeln Energie in die Beine fließt, sich in den Beckenraum ergießt, ähnlich dem Wasser eines Brunnens, das sich in einer Schale sammelt. Wenn diese Schale gefüllt ist und überfließt, dann die Übung beenden: Die Wurzeln wieder zurückziehen und sich wieder gestärkt in den Alltag einfinden.

Powertrick 4: Probleme umdeuten. Eine Situation wird erst durch eine negative Sichtweise zum Problem, zum Distress. Wenn man jedoch die Krise als Chance interpretiert, auf die man schon immer gewartet hat, kann man die Kraft des Eustress nutzen. Statt sich über einen schwierigen Kunden zu ärgern, sollte man sich auf die Gelegenheit freuen, mit der Aufgabe zu wachsen und beispielsweise mit einem Vertragsabschluss einen Triumph zu erzielen.

Powertrick 5: Das 50-zu-10-System. In den Arbeitstag regelmäßig Pausen einplanen und sich auch daran halten. Bewährt hat sich die Regel, in jeder Stunde 50 Minuten zu arbeiten und sich zehn Minuten zu entspannen. So bleibt man kreativ und erhält sich die Konzentrationskraft.

Powertrick 6: Die Kurzentspannung. Aufrecht auf einen Stuhl setzen, die Beine nebeneinander stellen und die Hände locker auf die Oberschenkel legen. Dann die Schultern bis zu den Ohrläppchen hochziehen und dabei den Kopf ein wenig zurücklegen, ohne nach oben zu sehen. Die Entspannung im Nacken spüren und diese beibehalten (dabei ruhig weiteratmen). Wenn der Kopf zu vibrieren beginnt, die Schultern loslassen und den Kopf nach vorne fallen lassen. Mit geschlossenen Augen die angenehme Schwere und Wärme in den Schultern spüren. Dann die Schultern so weit zurückziehen, als ob man einen Bleistift zwischen die Schulterblätter einklemmen wollte. Die Muskulatur anspannen und den Kopf leicht nach vorne legen. Die Spannung einen Moment halten, dabei weiteratmen und dann Schultern und Kopf nach vorne fallen lassen.

Powertrick 7: Zur Ruhe kommen. Diese Atemübung ist das Pendant zum zweiten Powertrick. Sie stimmt den Körper und Geist auf die Nachtruhe ein. Abends im Freien oder bei geöffnetem Fenster die gleiche Haltung wie am Morgen einnehmen und tief durch die Nase ausatmen, bis die Lungen ganz geleert sind. Den Atem so lange anhalten, wie es bequem ist. Dann wieder langsam einatmen. Diese Übung zweimal wiederholen und dann zum natürlichen Atemrhythmus zurückkehren. Tip: Diese Übung kann mit einem 15- bis 20-minütigen Abendspaziergang kombiniert werden und bietet dann optimale Voraussetzungen für einen tiefen und erholsamen Schlaf.

Selbststeuerung durch Biorhythmus?

Wir unterscheiden im Lebenszyklus des Menschen drei verschiedene Biorhythmen:

- ❖ den Körperrhythmus,
- ❖ den seelischen Rhythmus und
- ❖ den Geistesrhytmus.

Diese haben unterschiedliche Phasenabläufe und sind rhythmischen Schwankungen unterworfen (siehe dazu auch die Tabellen auf S. 110).

Da diese drei Phasen unterschiedlich lang sind, kommt es bei jedem Menschen deshalb auch ständig zu unterschiedlichen, immer neuen Verbindungen, Konstellationen zwischen dem körperlichen, seelischen und geistigen Befinden. Es gibt Perioden, wo wir uns »rundum« wohl fühlen, und dann wieder Phasen, wo wir uns scheinbar auf einem Tiefpunkt befinden.

Die Erkenntnisse aus der Lehre der Biorhythmik sind, biologische Abhängigkeiten und Gesetzmäßigkeiten vom Auf und Ab im Lebenszyklus transparent zu machen. Denn diese Auf- und Abbaubewegungen innerhalb unserer Körperzellen bedeuten eine vermehrte oder verminderte Anreicherung unseres Blutes mit Energiestoffen – und damit Einflüsse auf unser Kräftepotential. Da unser Organismus sich an Tagen der Umstellung von der Aktivitätsphase (Energieabgabe) auf Erholung (Energieaufnahme) umstellen muss, ist es sinnvoll, unser Kräftekonto nicht zu überziehen und mit den vorhandenen Kräften hauszuhalten, z.B. zusätzliche Stresssituationen wie seelische Erregungen, übermäßigen Alkoholkonsum etc. zu vermeiden.

Durch Anwendung dieser Kenntnisse könnten wir unsere Aktivitäten für starke und schwache Tage planbarer machen. So verstanden, kann »Management by Biorhythmus« ein wirksames Instrument für ein erfolgreiches Selbstmanagement sein.

Vorbeugend ist festzustellen, dass

❖ die Lehre vom Biorhythmus weder etwas mit Astrologie, Horoskopen oder Wahrsagerei zu tun hat, sondern es handelt sich hierbei um den Sachverhalt der »periodischen Wiederkehr von bestimmten Funktionsabläufen im Organismus des Menschen«;

❖ ihre Anwendung auch nicht besagt, dass Sie Ihr Leben ausschließlich nach dem biorhythmischen Kurvenstand ausrichten sollen oder Angst vor sogenannten kritischen Tagen haben.

(S. Walter Appel: Biorhythmik – Die Erfolgsuhr. München 1980)

Es geht also letztendlich darum zu akzeptieren, dass es regelmäßige Abläufe (Aktivitäts- und Regenerationsphasen) in unserem Lebenszyklus gibt, die unsere Leistungsfähigkeit beeinflussen, und wir auf Dauer nicht gegen den Lauf dieser »inneren Uhr« leben sollten, denn der Biorhythmus ist ein natürliches Geschehen, mit dessen Abläufen der gesunde Organismus ohne weiteres fertig wird.

Bedeutung und Anwendung der Biorhythmik

Die Anwendungsmöglichkeiten der Biorhythmik erstrecken sich praktisch über alle Lebensbereiche: Gesundheit, Arbeitswelt, Familien- und Gesellschaftsleben, Freizeit, Sport etc.

Wie schon oben dargestellt, kann der Biorhythmus auch als Planungshilfe für uns sinnvoll eingesetzt werden. Durch »Management by Biorhythmus« können wir unsere »innere Uhr« ablesen und verstehen, unsere Schlüsse daraus ziehen, indem wir uns durch eine positive Einstellung an die natürlichen Schwankungen unserer Leistungsfähigkeit anpassen.

Durch die verschiedenen, unterschiedlichen Einflüsse von »außen« sind auch unsere Reaktionen auf die inneren Biorhythmen und ihre Anpassungsfähigkeit unterschiedlich. Das besagt, dass die Rhythmenempfindlichkeit von einer Reihe weiterer Faktoren beeinflusst wird, denn unsere industrielle Hochleistungsgesellschaft bringt es mit sich, dass der Selbstschutzautomatismus unseres Körpers nicht immer reibungslos funktioniert.

Merke:
Der Biorhythmus hat Auswirkungen auf die persönliche Leistungsfähigkeit – er ist jedoch nur einer von vielen Einflussfaktoren.

Körpersignale, wie:

❖ Unlust,

❖ Angst,

❖ Müdigkeit usw.

werden sehr oft durch andere wichtige Aktiviäten, wie

❖ Termindruck,

❖ Stress,

❖ Sonderaufgaben etc.

überdeckt oder sogar in besonderen Fällen durch die (bewusste) Einnahme von Medikamenten (z.B. Aufputschmittel) weitgehend ausgeschaltet.

Wenn aber unser Körper auf Dauer diese natürlich ablaufenden Zyklen nicht mehr genügend selbst steuern bzw. beeinflussen kann, treten Störungen und Schädigungen auf, die mit Zusammenbrüchen oder mit dem völligen Stillstand (Tod) verbunden sein können.

Wie man nicht vorgehen sollte

Merke:
Berücksichtigen Sie bei Ihrer Tagesplanung neben der Tagesleistungskurve auch Ihre biorhythmische Verfassung – aber bewerten Sie diese nicht zu hoch!

Nach dem Vorliegen der persönlichen Biorhythmusdaten, die Sie natürlich selbst vornehmen können (siehe dazu die Tabellen auf den Seiten 109 und 110), sollten Sie diese aber mit Argusaugen beobachten und wie die Wettervorhersage betrachten, die auch nicht immer das hält, was sie verspricht, denn ist Sonnenschein angekündigt, kann es Regen geben! Die Biorhythmuskurven zeigen Ihnen nur Tendenzen auf, die aufgrund der Vorgänge im Organismus eintreten können. Die Gefahr besteht dann oft darin, dass diese »Fakten« überbewertet werden nach dem Motto: »Da heute ein kritischer Tag ist, geht es mir auch schlecht!«

Deshalb ein guter Rat: Seien Sie besonders am Anfang vorsichtig, wenn Sie Ihre Daten betrachten und auszuwerten versuchen.

Tabelle 3: Biorhythmus

Rhythmus	Geltungsbereich/ Messgrößen	Hoch: Energieabgabe	Tief: Energieaufnahme	Kritisch: Unstabiler Zustand
Körperrhythmus 23 Tage lang; Wechsel zwischen Hoch und Tief alle 11,5 Tage	Körperliche Leistungsfähigkeit, Belastbarkeit, Wohlbefinden, Stärke, Ausdauer, Widerstandskraft, Selbstbewusstsein, Tatendrang	Stärke und Ausdauer für körperliche Betätigungen (Sport, Arbeit). Günstig für Reisen, Operationen, Zahnextraktionen, Impfungen, Widerstand gegen Krankheit.	Ruhephase, Ermüdung, Arbeitsunlust, Anfälligkeit für Krankheiten. Gute Wirkung von Medikamenten. Schmerzempfindlichkeit.	Arbeitsunlust, Missmut, Aggressivität, Beginn oder Verschlechterung von Krankheiten, besonders ausgeprägte Alkoholfolgen, körperliche Schäden, Unfallgefahr.
Seelenrhythmus 28 Tage lang; Wechsel zwischen Hoch und Tief alle 14 Tage	Seelischer Bereich, Gemüt, seelische Gefühlswelt, Unbewusstes, Empfindungsfähigkeit, Einfühlungskraft, Kontaktfähigkeit, Harmonie, Zusammenarbeit, moralische Kraft, Intuition, Kreativität, Stimmungen, Selbstbeherrschung	Positive Lebenseinstellung, gute Harmonie, Zusammenarbeit. Günstig für Prüfungen, Wettbewerbe, öffentliche Auftritte, Bekanntschaften, Freude an Geselligkeit.	Negative Gefühle belasten Teamwork und Zusammenarbeit. Zwischenmenschliche Beziehungen beachten. Neigung zu Kontaktarmut, Eintönigkeit, eventuell Depressionen.	Spitze Bemerkungen, Streit, sinnlose Frustration. Verschlechterung eines Krankheitszustandes. Verlangsamte Reaktionsfähigkeit.
Geistesrhythmus 33 Tage lang; Wechsel zwischen Hoch und Tief alle 16,5 Tage	Geistiger, intellektueller Bereich, Bewusstes, Denkfähigkeit, Begreifen, Anpassungsfähigkeit, Logik, Urteilskraft, Aufmerksamkeit, Reaktionsvermögen, Beweglichkeit, Gedächtnis (Lebenskraft, Lebensbejahung)	Geistige Aufgeschlossenheit, Aufnahmefähigkeit für Neues. Gutes Gedächtnis, Anpassungsfähigkeit. Günstig für neue Aufgaben, Auslandsreisen, Planen, Entscheidungen, Prüfungen.	Mangelnde Denkfähigkeit, Konzentrationsfähigkeit. Nachlassen des Gedächtnisses, mangelnde Ausdrucksfähigkeit. Günstig für Routinearbeiten, Sammeln und Einordnen, Repetieren.	Gedächtnisschwäche, Neigung zu Fehlern und Irrtümern. Geistige Kurzschlüsse, Nachlassen der Aufmerksamkeit, der Geistesgegenwart und der Reaktionsfähigkeit, Unfallgefahr.

H. Schmid: Die neue Lebenshilfe: Biorhythmik. Köln 1980, S. 66f.

Übersichtlich lässt sich dieser Sachverhalt als Kurve gezeichnet, so darstellen:

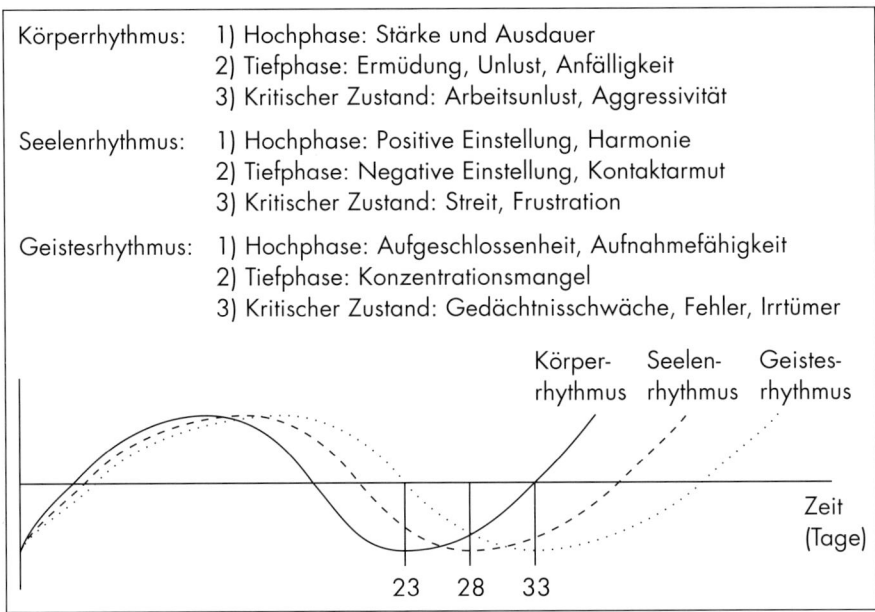

Körperrhythmus: 1) Hochphase: Stärke und Ausdauer
2) Tiefphase: Ermüdung, Unlust, Anfälligkeit
3) Kritischer Zustand: Arbeitsunlust, Aggressivität

Seelenrhythmus: 1) Hochphase: Positive Einstellung, Harmonie
2) Tiefphase: Negative Einstellung, Kontaktarmut
3) Kritischer Zustand: Streit, Frustration

Geistesrhythmus: 1) Hochphase: Aufgeschlossenheit, Aufnahmefähigkeit
2) Tiefphase: Konzentrationsmangel
3) Kritischer Zustand: Gedächtnisschwäche, Fehler, Irrtümer

Körper-   Seelen-   Geistesrhythmus   rhythmus   rhythmus

Zeit
(Tage)

23 28 33

Die Zweiminuten-Übung

Setzen Sie sich vor eine Uhr, die einen Sekundenzeiger hat.

Entspannen Sie sich einige Augenblicke lang, sammeln Sie Ihre Aufmerksamkeit und konzentrieren Sie sich, sobald Sie bereit sind, auf die Bewegung des Sekundenzeigers.

Achten Sie zwei Minuten lang nur auf die Bewegung des Sekundenzeigers, als ob nichts anderes auf der Welt existierte.

Wenn Sie den Faden verlieren, weil Sie über etwas anderes nachgedacht haben oder weil Sie einfach geistig weggetreten waren, halten Sie inne, sammeln Sie Ihre Aufmerksamkeit und beginnen Sie von vorne.

Versuchen Sie, zwei ganze Minuten lang konzentriert zu bleiben.

Hören Sie nun auf zu lesen, nehmen Sie sich eine Uhr und führen Sie die Übung aus.

Tips für Ihre Lockerungsübungen

Geistige Gelöstheit hat etwas Magisches an sich. Der Geist wird ruhiger, die Aufmerksamkeit wird geschärft und wir sind eher bereit, auf all das zu reagieren, was uns begegnet.

»Der stets gewölbte Bogen muss bald brechen;
Entspannt wird bei Bedarf er Dir gut dienen.
So lass den Geist von Zeit zu Zeit erschlaffen,
Dass er dann frisch gestärkt sein Werk erfülle.«

Phädrus, römischer Fabeldichter, 1. Jahrhundert n. Chr.

Tip eins: Halten Sie sich geistig frisch, indem Sie Ihren Körper entspannen.

Nehmen Sie eine bequeme Haltung ein, entspannen Sie alle Muskeln, die Sie gerade nicht benötigen, sorgen Sie für eine ruhige, gleichmäßige Atmung und versenken Sie sich in Ihre Empfindungen.

Tip zwei: Bringen Sie Ordnung in Ihr Denken, indem Sie herausfinden, worüber Sie momentan wirklich nachdenken müssen. Schreiben Sie alle Forderungen, Bedürfnisse, Wünsche, Belastungen, Sorgen und dergleichen auf, die Ihnen durch den Kopf gehen. Lassen Sie Ihre unterschwelligen Sorgen frei, indem Sie das Gesamtbild betrachten.

Tip drei: Nehmen Sie sich regelmäßig die Zeit, sich zu entspannen und abzuschalten. Entwickeln Sie die Fähigkeit, zu einer bestimmten Tageszeit alles völlig loszulassen, indem Sie überhaupt nichts tun.

Besuchsmanagement

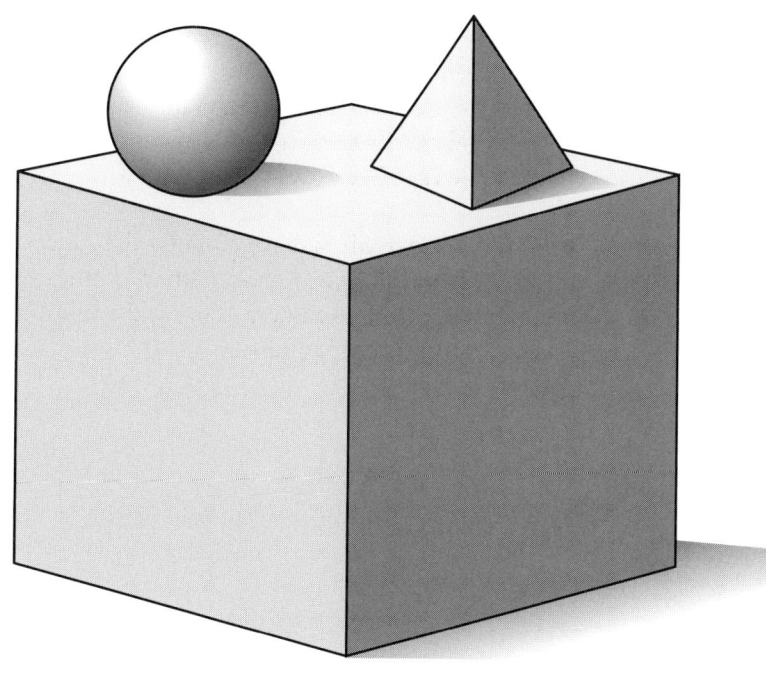

In diesem Kapitel

❖ sollen Sie die für die Besuchsplanung wichtigen Begriffe kennen-
lernen;

❖ lernen Sie Möglichkeiten erkennen und anzuwenden, um Besuchszeiten und -wege optimal zu planen;

❖ sollen Sie lernen, die Planung von Besuchen gedanklich nachzu-
vollziehen und selbst in die eigene Praxis umzusetzen;

❖ sollen Sie erfahren, wie Sie als Besuchter mit Besuchern »umgehen«
können und sich dadurch eventuell auftretender Störungen entle-
digen.

Vorüberlegungen

Erfolg ist planbar, wie wir oben dargestellt haben, und dafür brauchen Sie Zeit. Es ist also notwendig, sich Freiräume dafür zu schaffen.

Diese schaffen Sie sich, wie wir gesehen haben, durch effektivere Arbeitsmethoden. Das trifft natürlich auch auf Besuche (Planung, Durchführung usw.) zu. Dabei ist es völlig unerheblich, ob Sie der Besucher oder Besuchte sind.

Gehen wir aber zunächst in unserer Betrachtung davon aus, dass Sie Besucher sind. Das beinhaltet für Sie die Frage: Wie können Sie »Ihr« Besuchsmanagement handhaben? Denn die Besuchsplanung ist für die Kontaktaufnahme, für Ihre (Verkaufs-)Gespräche ein wichtiges Instrument.

Besuchsplanung und Kontaktaufnahme

Häufig wird bei der Vorbereitung eines Besuches bzw. der Kontaktaufnahme dem richtigen Zeitpunktes zu wenig Aufmerksamkeit geschenkt, obwohl gerade dieser mitbestimmend für den Erfolg eines Gespräches ist. Es ist doch sicher ein wesentlicher Unterschied, ob wir einen Verhandlungspartner, der unter Zeitdruck steht, ansprechen oder ob wir ihm in weniger gespannter Atmosphäre gegenübertreten. Wir wollen uns im nächsten Abschnitt einmal intensiv mit dem Thema Planung von Besuchen und Kontaktaufnahmen beschäftigen.

Die richtige Stunde oder den richtigen Tag herauszufinden, an denen unser Gesprächspartner weniger in Anspruch genommen und auch leistungsbereit ist, wird vom Ablauf seines Arbeitstages abhängen.

Bei einem Gesprächspartner in der Industrie könnte der tägliche Arbeitsablauf so aussehen:

7.30–10.00 Uhr	Postbesprechung und Konferenzen
10.00–12.00 Uhr	Zeitraum für Besprechungen und Besuche
12.00–12.45 Uhr	Mittagspause
12.45–16.00 Uhr	Zeitraum für Besprechungen und Besuche

Wählen wir den Vormittag für unseren Besuch, so besteht die Chance, zwischen 10.00 und 12.00 Uhr vorgelassen zu werden. Je näher der Termin an der Mittagspause heranrückt, desto schwieriger ist es in der Regel, ein Gespräch zu führen. Das hängt mit unserer physiologischen Leistungskurve zusammen (siehe dazu Kapitel »Selbstorganisation«).

Manche Menschen gehen beispielsweise aus Gewohnheit immer um die gleiche Zeit essen. Die Bereitschaft, auf eine Gewohnheit zu verzichten, ist relativ gering. Menschen, die hungrig sind, werden aggressiv. Menschen,

116

die dagegen satt sind, werden geistig und körperlich träge. Sie sind meistens auch nicht mehr sehr reaktionsschnell. Aber ein gutes Mittagessen hat oft eine besänftigende Wirkung. Da der relative Höhepunkt der physiologischen Leistungsbereitschaft zwischen 10.00 Uhr und etwa 11.00 Uhr liegt, wäre dies für uns vormittags der günstigste Zeitraum. Die Zeit nach der Mittagspause kann gegebenenfalls für das Erledigen von unangenehmen Angelegenheiten günstig sein. Hier finden wir um 14.00 Uhr einen relativen Tiefpunkt, den wir für uns ausnutzen können.

Nicht nur die Tageszeit, sondern auch der Tag selbst ist für den Besuch wichtig. Ob wir am Wochenanfang, in der Mitte oder gegen Ende der Woche kommen, kann von Bedeutung sein.

Am Montag finden häufig interne Besprechungen statt, sodass der Gesprächspartner dann nur wenig oder keine Zeit hat und kaum eine Neigung verspürt, Zeit für ein (externes) Gespräch zu erübrigen.

Zeitaufwand

Aktive Zeitplanung ist eine weitere wesentliche Voraussetzung für die erfolgreiche Realisierung der Ziele für ein Gespräch. Bei diesen Vorgaben müssen Sie Ihre begrenzte Arbeitszeit also optimal planen.

Ermittlung der Besuchskapazität

Betrachten wir dazu einmal einen »typischen Außendienstmitarbeiter«. Die Anzahl der Besuche, die er an einem Arbeitstag durchführen kann, bezeichnen wir als *Besuchskapazität*.

Er sollte natürlich so viel Besuche wie möglich durchführen. Das hängt von verschiedenen Faktoren ab. Die täglich mögliche Besuchszahl hängt einmal von der Zeitspanne ab, die an einem Tag für Kontakte zur Verfügung steht, der *Kontaktzeit*. Zum anderen hängt die Zahl der möglichen Besuche vom Zeitraum ab, der für die Durchführung eines Partnerbesuches benötigt wird. Dieser Zeitraum ist die *Aktionszeit*.

117

❖ *Besuchskapazität* ist die Anzahl der möglichen Besuche in einer bestimmten Zeitspanne.

❖ *Kontaktzeit* ist die reine Begegnungszeit ohne Wege- und Wartezeit.

❖ *Aktionszeit* ist die für Besuche aufgewendete (Arbeits-)Zeit.

Aktionszeit

Die Aktionszeit setzt sich aus drei getrennt zu betrachtenden Zeiträumen zusammen, nämlich aus

❖ der Wegezeit,

❖ der Wartezeit und

❖ der Besuchszeit.

Unter der *Wegezeit* verstehen wir die Zeitspanne, die zwischen den Besuchen bei den Besuchspartnern liegt und für die Überwindung der räumlichen Distanz zwischen den Partnern benötigt wird.

Die Wegezeiten sind zunächst von der Länge der Wege abhängig. Auf den ersten Blick könnte somit vermutet werden, dass die Wegezeiten maßgeblich von der Entfernung der Partnerstandorte beeinflusst werden. Das kann, muss jedoch nicht zwingend der Fall sein. Lange Fahrtstrecken auf dem Lande können häufig in kürzerer Zeit bewältigt werden als kurze Strecken in der Stadt. Im Ruhrgebiet sind andere Aspekte zu berücksichtigen als z.B. in Ostfriesland.

Somit kommt es darauf an, dass zwischen den Standorten der Partner die Route optimal geplant ist. Optimale Routenplanung legt die zeitsparendste und kostengünstigste Verbindung zwischen dem Standort des Besuchers und dem Besuchspartner fest.

Als *Wartezeit* wird der Zeitraum bezeichnet, der zwischen dem Eintreffen des Außendienstmitarbeiters beim Besuchspartner und dem Beginn des (Verkaufs-)Gesprächs oder der Wahrnehmung anderer Aufgaben verstreicht.

In der Regel wird man bemüht sein, die Wartezeiten möglichst kurz zu halten. Nur in Ausnahmefällen ist eine »geringe« Wartezeit willkommen, etwa dann, wenn sie Gelegenheit gibt, sich hilfreiche Zusatzinformationen über bestimmte Sachverhalte zu verschaffen.

Die Wartezeit hängt unter anderem davon ab, ob sich der Besucher vorher beim Besuchspartner angemeldet hat, ob er die vom Partner einseitig festgelegten Besuchszeiten einhalten kann und ob zwischen ihm und dem Partner gute oder weniger gute Beziehungen bestehen.

Ferner spielen die Mentalität des Besuchten, die Bedeutung der zu besprechenden Angelegenheiten für den Partner sowie die hierarchische Stellung des Besuchten und des Besuchers eine Rolle.

Ermittlung der Besuchskapazität (Anzahl der Besuche):

$$\text{Besuchskapazität} = \frac{\text{Kontaktzeit}}{\text{Aktionszeit}} \quad \text{(gleiche Zeiteinheit wählen)}$$

Die Besuchskapazität, die Anzahl der möglichen Besuche, ist um so größer, je weniger Zeit für den einzelnen Besuch aufgewendet werden muss und je geringer die Wege- und Wartezeiten sind.

Und noch ein guter Rat (aus unserer eigenen Praxis): Wenn Sie einen Termin mit jemanden vereinbart haben, bestätigen sie diesen sofort schriftlich. Das hat den Vorteil, dass Ihr Gesprächspartner den Termin, nachdem er ihn auf den Schreibtisch bekommen hat, in seinen Terminkalender einträgt. So wird er (zumindest) am Morgen des Besuchstages daran erinnert werden, dass Sie kommen. Außerdem wird er sich, wie es so schön heißt, mental auf Ihren Besuch vorbereiten (siehe dazu auch den Aspekt der Besuchsvorbereitung auf den nächsten Seiten).

Rationelle Besuchsgespräche

Merke: Effizienz-steigerung durch: Abschirmung, Terminvereinbarung, Vorbereitung, Gesprächsplanung!

In diesem Abschnitt wollen wir einmal darstellen, wie Sie als Besuchter »Besuchsmanagement« in den Griff bekommen können. Denn auch gerade Besucher stellen in mancherlei Hinsicht einen Störfaktor dar – besonders, wenn sie nicht angemeldet erscheinen und wir der (irrtümlichen) Meinung sind, diese trotzdem sofort empfangen zu müssen, um nichts Wesentliches zu verpassen. Dabei spielt oft unsere Unkenntnis, aber auch unsere Unfähigkeit, die Absicht des Besuchers zu erkennen, eine wesentliche Rolle.

Die Frage, die wir uns stellen müssen, lautet: »Warum kommt (gerade) dieser Besucher?«

Folgende Gründe können vorliegen:

* ❖ Informationsaustausch,
* ❖ Informationsbedarf,
* ❖ Informationserteilung,
* ❖ »Höflichkeitsbesuch« (»... *kommen Sie doch mal vorbei* ...«),
* ❖ Beziehungspflege (gesellschaftlich oder freundschaftlich).

Damit haben wir zwei Bereiche hinsichtlich der Besuchsgründe definiert:

* ❖ zum einen den sachlichen Aspekt (Informationen geben, austauschen usw.),
* ❖ zum anderen einen sozialpsychologischen Teil (Beziehungen untereinander, Abhängigkeitsfaktoren etc.).

Wobei gerade der letzte Punkt unter Zeitgesichtspunkten als einer der »Zeitdiebe« entlarvt wird, auch wenn wir nicht unbedingt der Meinung sind, diese Kontakte völlig unterbinden zu sollen.

Als Maxime des bisher Gesagten lässt sich daraus formulieren:

❖ Reglementieren Sie die Besuche, so weit es geht.

Beachten Sie dabei auch die Gesichtspunkte, die wir im Abschnitt »Informationsverarbeitung – Besprechungen« aufgeführt haben. Fragen Sie (vorher) nach

❖ dem Zweck des Gespräches,

❖ der benötigten Zeit,

❖ dem Ziel des Gespräches.

Bereiten Sie sich dann auf das Gespräch auch inhaltlich vor und legen Sie, wenn möglich, Unterlagen, die Sie benötigen werden, bereit.

Ein weiterer Gesichtpunkt, der oft zu Diskussionen führt, soll angesprochen werden:

❖ Das Prinzip der »offenen Tür«, d.h., jeder kann jederzeit zu jedem.

Wir halten das, unter Berücksichtigung des bisher Ausgeführten, als falsch verstandenen zeitökonomischen Luxus. Sie brauchen »störungsfreie«, zumindest jedoch »störungsarme« Zeiten, um sich Ihren tatsächlich wichtigen Aufgaben zu widmen. Von daher beantwortet sich die Frage von selbst, ob es sinnvoll ist, stets eine »offene Tür« zu haben. Versuchen Sie »feste Sprechzeiten« vorzusehen – damit meinen wir nicht, nach dem Grundsatz zu handeln: »... *kommen Sie am Dienstag zwischen 14.00 und 15.00 Uhr, dann bin ich für Sie da* ...«, sondern räumen Sie Ihren Besuchern feste Zeiten ein, die sich nach den Vorgaben Ihrer eigenen Tagesplanung jeweils ergeben. Seien Sie nicht zu jeder Zeit für jeden zu sprechen.

Als letzter Punkt sei nun die Frage gestellt, wie man Besuche beenden kann, ohne unhöflich zu wirken. Dazu beachten (und benutzen) Sie die folgenden Punkte:

Merke:
Gespräche sinnvoll – höflich, aber bestimmt – beenden.

❖ zusammenfassende Bemerkung machen (»... *wenn ich die Punkte unseres Gespräches noch einmal zusammenfasse* ...«),

❖ stehen sie höflich, aber bestimmt auf,

❖ teilen Sie die vorgesehene Zeit Ihrem Besucher (vorher) mit.

Auf keinem Fall sollten Sie jedoch einen der nachfolgenden Punkte verwenden:

- ❖ Gespräch beenden, indem Sie zu einer belanglosen Plauderei übergehen (das könnte Anlass zu noch längeren Gesprächen sein);
- ❖ auf die Uhr schauen;
- ❖ sich gelangweilt zeigen;
- ❖ sich der Tagespost zuwenden, während der Besucher noch spricht usw.

Zusammenfassung

Ob Sie nun Besucher oder Besuchter sind, folgende Punkte gelten sowohl für den einen als auch den anderen Teil, um die Zeitplanung hinsichtlich des Besuchsmanagements zu optimieren:

- ❖ Planen Sie durch gute Vorbereitung kürzere Gespräche: Effizienzsteigerung;
- ❖ treffen Sie Voranmeldungen, um Wartezeiten zu reduzieren;
- ❖ sorgen Sie für den Einsatz rationeller Arbeitstechniken bei administrativen Aufgaben;
- ❖ gestalten Sie die Zeitplanung optimal, um möglichst viel Begegnungszeit zu erübrigen.

Die letzten Seiten

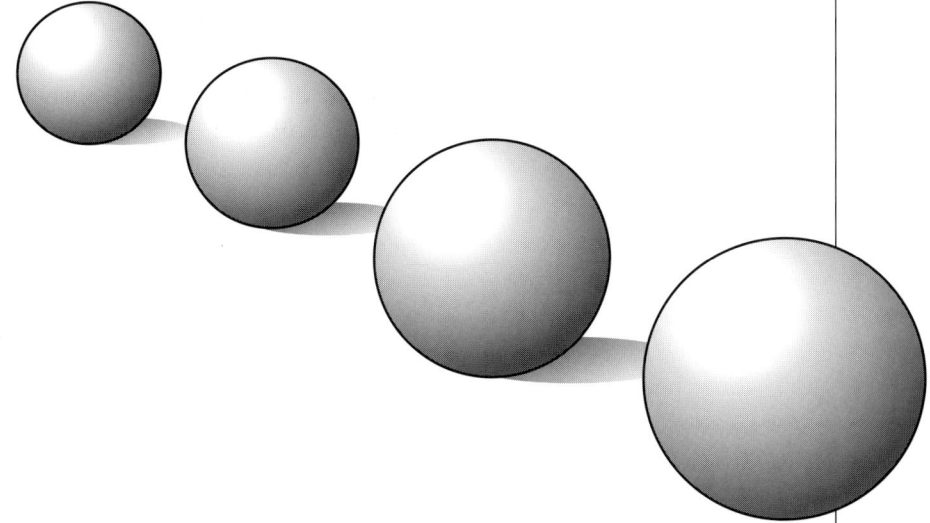

Das Abendgebet eines Zeitmanagers

Und nun zum Schluss tun Sie bitte noch etwas für Ihr Seelenheil und beten:

Herr,
schenke mir
die Gelassenheit,
Dinge hinzunehmen,
die ich
nicht ändern kann,

den Mut,
Dinge zu ändern,
die ich ändern kann,

und die Weisheit,
das eine von dem anderen
zu unterscheiden.

Oettinger

Die Hummel

Und noch ein guter Rat zum Schluss:

Denken Sie bei allem, was Sie tun, immer an die Hummel!

Ich kann nicht !

Wer das sagt, setzt sich selbst Grenzen.

Die Hummel hat 0,7 qcm Flügelfläche bei 1,2 g Gewicht.

Nach den bekannten Gesetzen der Aerodynamik ist es unmöglich, bei diesem Verhältnis zu fliegen.

Die Hummel weiss das aber nicht und fliegt einfach!

Literaturhinweise

Appel, Walter A.: Biorhythmik – Die biologische Erfolgsuhr. München 1980.

Graichen, Winfried U./Seiwert, Lothar J.: Das ABC der Arbeitsfreude. Speyer 1987.

Hamm, M./Langerström, D./Lautenschläger, F.: Die Ganzheits-Fitness gegen das Manager-Syndrom. München o.J.

Helfrecht, Manfred: Planen, damit's leichter geht
Bd. I: Sie können Ihr Leben selbst bestimmen,
Bd. II: Wie Sie Ziele erreichen und Probleme lösen,
Bad Alexandersbad 1984.

HelfRecht-Studienzentrum (Hrsg.): Anwendungsanleitung Zeitplanbuch. Bad Alexandersbad, o.J.

Mackenzie, R.A.: Die Zeitfalle. Heidelberg 1974.

Quick, James C./Jonathan, D.: Unternehmen ohne Stress. Hamburg 1986.

Roth, Werner: Zeitmanagement-Methoden auf dem Prüfstand. Springe 1993.

Seiwert, Lothar J.: Mehr Zeit für das Wesentliche. Landsberg 1987.

Seiwert, Lothar J.: Das 1 × 1 des Zeitmanagements. Speyer 1988, 11. Auflage.

Wagner, Hardy: Persönliche Arbeitstechniken. Speyer 1983.

Stichwortverzeichnis

W BELTZ WEITERBILDUNG

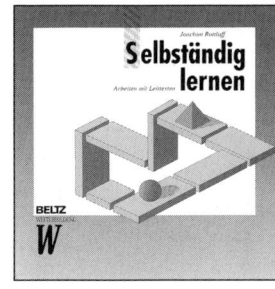

Bodo G. Toelstede
Das Verhandlungskonzept
Hart in der Sache – menschlich
im Dialog.
276 Seiten. 36 Abb. Pappband.
ISBN 3-407-36330-3

Verhandeln ist eine Fähigkeit, die
jeder beherrschen sollte. Doch nur
wenige Menschen haben das Verhandeln wirklich gelernt. Ein erfolgreiches Verhandeln auf der Basis
der Gewinner-Gewinner-Strategie
besteht aus Kommunikationsfertig-
keiten und einer Verhandlungs-
methodik, die alle Beteiligten zufrie-
den stellt.
Bodo G. Toelstede hat ein Verhandlungskonzept entwickelt, kurz
»K.E.R.Z.E.« genannt, das als Weg-
weiser dient, um in Zukunft klüger
und geschickter verhandeln zu
können. Es ist verblüffend leicht
anzuwenden und bringt mit Sicherheit Erfolg.

Aus dem Inhalt:
K.E.R.Z.E. – das Erfolgskonzept
für Verhandlungen; K. – Kommuni-
kationsebenen unterscheiden;
E. – Erwartungen des Verhandlungs-
partners; R. – Reeller Nutzen und
reale Vorteile für alle Beteiligten;
Z. – Zweckmäßige, zielorientierte
Alternative; E. – Entscheidung
(Handlung), Ergebniskontrolle;
Schwierige Verhandlungssituatio-
nen und -partner.

Paul Gamber
Ideen finden, Probleme lösen
Methoden, Tips und Übungen
für einzelne und Gruppen.
172 Seiten. 35 Abb. Broschiert.
ISBN 3-407-36323-0

Die Veränderungen in der Arbeitswelt und die zunehmende Verbreitung von Teamarbeit bringen es mit
sich, daß immer mehr Menschen an
der Lösung von komplexen Problemen in ihrem Arbeitsbereich aktiv
mitwirken müssen.
In diesem Buch wird gezeigt, wie
Probleme gezielt erkannt und
Schritt für Schritt gelöst werden
können. Oft ist die systematische
Bearbeitung von Problemen schon
der erste Schritt zur Lösung. Be-
währte Methoden und Techniken
werden ausführlich erläutert und
der Prozeß des Problemlösens in
fünf Schritten besonders praxisnah
behandelt: Definieren, Ideen finden, Auswählen, Neudefinieren,
Anwenden (D.I.A.N.A.). Dazu
Tips, wie Problemlösungen erfolgreich präsentiert werden können.

Aus dem Inhalt:
Was ist kreatives Problemlösen?
»Denkblockaden« überwinden;
Kreatives Arbeiten in der Gruppe;
D.I.A.N.A. – fünf Schritte des
Problemlösens.

Joachim Rottluff
Selbständig lernen
Arbeiten mit Leittexten.
118 Seiten. Broschiert.
ISBN 3-407-36306-0

Leittexte sind erprobte Instru-
mente, die selbständiges Lernen
unterstützen. Sie helfen, neben
fachlichen Kenntnissen und Fertig-
keiten auch übergreifende Quali-
fikationen zu erwerben. Das vorliegende Buch zeigt, wie Leittexte
besonders in der betrieblichen
Ausbildung gut eingesetzt werden
können.
Die Leser werden angeleitet, selbst-
ständig Leittexte für ihren Aufgaben-
bereich auszuarbeiten: Analyse des
Ausbildungsauftrags; Entwicklung
eines Lehr-Lern-Konzeptes; Ausge-
staltung des eigentlichen Leittextes.

»Eigentlich gehört das Buch nicht
nur in die Hände von Ausbildern,
da insbesondere Leittexte auch in
anderen Lehr-Lern-Prozessen gut
angewendet werden können.«
Zeichnen

Aus dem Inhalt:
Was sind Leittexte? Die Methode
unter der Lupe; Arbeiten mit der
Methode; Bisherige Erfahrungen;
Leittexte erstellen, den Einsatz
vorbereiten.

Franz Schanda
Computer-Lernprogramme
Wie damit gelernt wird.
Wie sie entwickelt werden.
Was sie im Unternehmen leisten.
204 Seiten. Broschiert.
ISBN 3-407-36317-6

Ein praxisnaher Ratgeber für
Entwicklung und Einsatz von
Computer-Lernprogrammen in
der betrieblichen Aus- und Weiterbildung.

»Dem Einsteiger gibt das gut lesbare
Buch einen ersten Einblick in die
Materie, dem erfahrenen Nutzer
bietet es Arbeitshilfen an. Die
schöne Gestaltung und viele Muster-
lösungen runden das Buch ab.«
Wilfred Linde, Screen Muldimedia

»Sehr wertvoll sind die Checklisten,
mit denen sich feststellen läßt, ob
alle Arbeiten auf dem Weg zum fer-
tigen Lernprogramm erledigt sind.«
R. Ellmer, CLB

Aus dem Inhalt:
Lernprogramme: Möglichkeiten
und Grenzen; Computer-Lern-
programme: Die Technik; Die
Gestaltung; Integration von
Computer-Lernprogrammen in
Lehrsysteme; Projektmanagement;
Checklisten.

Beltz Verlag · Postfach 100154 · 69441 Weinheim

B0137

W BELTZ WEITERBILDUNG

Martin Hartmann
Rüdiger Funk
Horst Nietmann
Präsentieren
Präsentationen: Zielgerichtet
und adressatenorientiert.
189 Seiten. Pappband.
ISBN 3-407-36319-2

»Wer eine ›Dramaturgie der
Präsentation‹ sucht, wird hier
fündig! In der Verschränkung von
Ziel, Inhalt und Methode ist dieses
Buch Spitzenklasse, immer wieder
mit Gewinn zu Rate zu ziehen.«
Wolfgang Beywl, Contraste

»Ein empfehlenswertes Buch
für alle, die ihre Präsentation verbessern wollen.«
Betriebliches Vorschlagswesen

»Das Buch ist erfreulich verständlich und systematisch aufbereitet.«
Themenzentrierte Interaktion

Aus dem Inhalt:
Vorbereitung der Präsentation;
Aufbau und Durchführung der
Präsentation; Fragen und Diskus-
sion; Visualisierung und Einsatz
von Medien; Lampenfieber;
Rhetorik, Mimik, Gestik und Üben;
Gestaltung optimaler Rahmen-
bedingungen für eine Präsentation;
Checkliste.

Ulrich Lipp / Hermann Will
Das große Workshop-Buch
Konzeption, Inszenierung und
Moderation von Klausuren,
Besprechungen und Seminaren.
299 Seiten. 170 Abb. Pappband.
ISBN 3-407-36321-4

Workshops und Klausuren sind
spezielle Arbeitstreffen. Sie sind
aber nur dann erfolgreich, wenn
Arbeitstechniken und Dramaturgie
stimmen. Die Autoren öffnen in
diesem Buch ihren gut gefüllten
Werkzeugkasten des Moderatoren-
handwerks – entstanden und
bewährt in vielen Praxiseinsätzen.
Nicht nur Workshops, sondern
auch Besprechungen, Tagungen
und Seminare werden dadurch
lebendiger und effektiver.

»Ein empfehlenswertes Buch ...«
management & seminar

Aus dem Inhalt:
Workshop-»Philosophie«; Ablauf-
pläne von Workshops; Diskussions-
formen in Workshops; Karten-
abfrage, Zuruflisten, Blitzlicht,
Mind-Mapping; Bewerten und Entscheiden; Arbeit in Kleingruppen;
Visualisieren und Dokumentieren;
Umsetzung anschieben; Krisen-
management; Workshop-Exoten.

Hermann Will
Mini-Handbuch
Vortrag und Präsentation
Für Ihren nächsten Auftritt
vor Publikum.
68 Seiten. Broschiert.
ISBN 3-407-36332-X

»An einen guten Vortrag erinnert
man sich nicht immer, einen
schlechten aber vergißt man nie!«
Darum lohnt sich das Vorbereiten
auf den Auftritt vor Publikum.

»Jeder, der vorträgt, sollte zumindest dieses Minihandbuch einmal
gelesen haben, es lohnt sich.«
Deutsche Apotheker Zeitung

»Die Texte sind knapp und präg-
nant formuliert. Damit eignet
es sich ganz besonders als Nachschlagewerk für Teilnehmer von
Präsentationstechnik-Seminaren
oder Rhetorikkursen. Es ist aber
auch ideal als schnelle Auffrischung
für alle diejenigen, die nicht ständig
Vorträge halten müssen.«
Windmühle

Aus dem Inhalt:
Nutzenorientierung: Was haben
meine Zuhörer vom Vortrag? Der
rote Faden: Vortragsgliederung;
Aktivierung: Wie halte ich meine
Zuhörer aufmerksam und aktiv?
Sprache und Sprechweise: Bin ich
verständlich?

Reinhard van Vugt
Audiovisuelle Kommunikation
Elektronische Medien in Aus-
und Weiterbildung, Präsentation
und Konferenz.
253 Seiten. Pappband.
ISBN 3-407-36313-3

»Ein Buch, bei dem der Leser stets
spürt – der Autor ist Praktiker ...
Ein ohne Einschränkung empfehlenswertes Buch.«
m&s Jahrbuch

»Allgemeinverständlich und präg-
nant verfaßt, offeriert der Verfasser
eine kompakte Einführung in die
moderne Unterrichtsgestaltung und
Präsentation.«
Klaus Schneider, Sozial extra

»Der Lektüre des verständlich ge-
schriebenen Buches folgt ein Gefühl
der Erleichterung: endlich weiß
man einmal, was es alles gibt, was
hinter den neumodischen Begriffen
steht und was für einen selbst in
Frage kommen könnte.«
Motivation

Aus dem Inhalt:
Visuelle Kommunikation; Begriffe
der Video- und Fernsehtechnik;
Elektronische Bildwiedergabe;
Zentrale Bedienung der Medien;
Medienmöbel; Fachbegriffe; Her-
steller- und Lieferantenübersicht.

Beltz Verlag · Postfach 100154 · 69441 Weinheim

B0138

W BELTZ WEITERBILDUNG

Kris Cole
Kommunikation klipp und klar
Besser verstehen und verstanden
werden.
212 Seiten. 50 Abb. Pappband.
ISBN 3-407-36324-9

Kommunikative Fähigkeiten sind
ein wichtiger Erfolgsfaktor. Ob
mündlich oder schriftlich, symbo-
lisch, nonverbal, absichtlich oder
unabsichtlich, aktiv oder passiv:
Kommunikation ist eine notwendige Voraussetzung für jede
Aktivität.
Kris Cole hat in diesem Buch alle
relevanten Theorien und Konzepte
der Kommunikation zusammenge-
stellt. C.G. Jung, die Verhaltenspsy-
chologie, das Neurolinguistische
Programmieren (NLP) und die
Transaktionsanalyse (TA) bilden die
Basis, auf der sie mit einer gehö-
rigen Portion gesundem Menschen-
verstand und Humor die grund-
legenden Techniken einer erfolgreichen Kommunikation erläutert.

Aus dem Inhalt:
Grundlagen der Kommunikation;
Gute Informationen senden;
Gute Informationen empfangen;
Körpersprache; Professioneller
Schriftverkehr.

Theo Gehm
Kommunikation im Beruf
Hintergründe, Hilfen, Strategien.
228 Seiten. Pappband.
ISBN 3-407-36329-X

»Theo Gehms Publikation ist gleichzeitig Ratgeber und Lehrbuch. (...)
Der Band ist klar strukturiert und in
kurze, auch einzeln konsultierbare
Abschnitte unterteilt, die zusätzlich
vertiefende Übungen anbieten. Das
stark auf die Praxis ausgerichtete
Buch kann allen Berufsleuten helfen, ihr kommunikatives Verhalten
zu verbessern und ihre Gespräche
bewußter zu führen.«
Der kleine Bund

»Theo Gehm versteht es, psycho-
logische Theorien einfach und
spannend darzustellen. Der Leser
erhält auf diese Weise viel Hinter-
grundwissen und eine Reihe prak-
tischer Anleitungen zur Gestaltung
seiner eigenen Kommunikation im
Beruf.«
Personalwirtschaft

Aus dem Inhalt:
Dissonanz und ihre Folgen; Zielorientierte Gesprächsvorbereitung;
Kommunikationstechniken; Frage-
formen und ihr gezielter Einsatz;
Öffnende Gesprächsführung und
aktives Zuhören.

Michael Reddy
Mitarbeiter beraten
Kollegiale Hilfe zur Selbsthilfe.
197 Seiten. Pappband.
ISBN 3-407-36328-1

Der Mensch ist der wichtigste Aktiv-
posten eines Unternehmens. Erfolg
und Misserfolg hängen davon ab,
ob ein effektives und relativ zufrie-
den stellendes Arbeiten möglich ist.
Unter diesen Gesichtspunkten kann
Beratung als ein besonders kosten-
günstiges Mittel zur Verbesserung
der Arbeitsleistung angesehen
werden. Doch eine gute Beratung
will gelernt sein.
Michael Reddy versteht darunter in
erster Linie die Hilfe zur Selbsthilfe.
Die Betroffenen sollen in die Lage
versetzt werden, selbst die Lösung
ihres Problems herbeizuführen.
Er beschreibt ausführlich die drei
wichtigsten Phasen des Beratungs-
prozesses mit den dazugehörigen
Fähigkeiten, Techniken und Einstel-
lungen, die ein guter Berater haben
sollte. Zahlreiche Beispiele aus der
Praxis verdeutlichen die Ausfüh-
rungen.

Aus dem Inhalt:
Was ist Beratung und wie wirkt sie?
Die drei Phasen der Beratung; Die
Beratungstechniken; Eigenschaften
eines Beraters; Karriereberatung;
Beratung und das Unternehmen.

Gabriele Stöger
Besser im Team
Stärken erkennen und nutzen.
142 Seiten. 27 Abb. Pappband.
ISBN 3-407-36327-3

Lernen Sie sich und Ihr Team besser
kennen. In diesem Buch wird eine
Persönlichkeitstypologie entwickelt,
die es erlaubt, Ihre eigenen Stärken
und Schwächen sowie die Ihres
Teams zu erkennen. Zahlreiche Fallbeispiele erleichtern die Umsetzung
in die Praxis.
Damit Teams wirklich effektiv zu-
sammenarbeiten, müssen sich die
Teammitglieder optimal aufeinander einstellen können. Die unterschiedlichen Persönlichkeiten müssen mit ihren spezifischen Stärken
voll zur Entfaltung kommen.
Teamleader können über die an-
gebotene Persönlichkeitstypologie
ihre Teammitglieder sowie auch
künftige Bewerber treffsicher ein-
schätzen. Dies hilft ihnen die
Ressourcen der Mitarbeiter zu
nutzen, indem sie wissen, wen
welche Aufgabe anspricht.

Aus dem Inhalt:
Woher kommt Ihr Ärger; Lernen
Sie sich kennen; Fragebogen zur
Analyse Ihres Persönlichkeitstyps;
Die Persönlichkeitstypen; Lernen
Sie Ihr Team kennen; Fallbeispiele.

Beltz Verlag · Postfach 100154 · 69441 Weinheim

B0139

WBELTZ WEITERBILDUNG

Regula Schräder-Naef
Rationeller Lernen lernen
Ratschläge und Übungen für alle
Wißbegierigen.
248 Seiten. Broschiert.
ISBN 3-407-36316-8

Die Veränderungen der Arbeitswelt
zwingen Erwachsene zur ständigen
Weiterbildung. Dieses Buch führt in
die Theorie und Praxis der geistigen
Arbeit ein, gibt praktische Hinweise
für das schnellere und konzentrierte
Lesen, das Zuhören und Mitschrei-
ben in Weiterbildungsveranstaltun-
gen, in der Universität oder bei Vor-
trägen, das Vorbereiten von größeren Arbeiten und Prüfungen, und
regt zur sinnvollen Einteilung der
Zeit an.

»Mit dem Begriff Standardwerk
kann sich das Lehr- und Lernbuch
nicht nur aufgrund seines Alters
zieren, sondern auch, weil es Ober-
stufenschüler, Studenten und gene-
rell alle Weiterbildungsinteressierte
anspricht. (...) Fazit: Großes Wissen
fürs kleine Portemonnaie.«
TRAINING aktuell

Aus dem Inhalt:
Grundlagen für die Lernarbeit;
Innere Voraussetzungen; Äußere
Bedingungen; Aufnehmen und
Weitergeben von Wissen.

Regula Schräder-Naef
Lerntraining für Erwachsene
»Es lernt der Mensch,
so lang er lebt«
204 Seiten. Broschiert.
ISBN 3-407-36300-1

»Das vorliegende Buch richtet sich
an alle, die im Erwachsenenalter
wieder oder weiter lernen wollen
und nach verwertbaren Ratschlägen
suchen, wie sie dies möglichst
kräftesparend und mit gutem Erfolg
tun können.«
Jahrbuch Weiterbildung

»Ein Buch für Referenten, die mit
beruflichen Wiedereinsteigern, Um-
steigern und fachlichen Anfängern
zu tun haben.«
Weiterbildung

Aus dem Inhalt:
Die sieben Lernetappen: Ziel-
setzung; Auswahl des Lernweges;
Äußere und innere Vorbereitung;
Aufnahme – Verschiedene Lern-
arten; Verarbeiten, vergleichen,
kritisch prüfen; Speichern und
Ordnen; Anwenden, Beurteilen,
Wiedergeben.

Birgit B. Lehner
Selbstsicher werden
Hemmungen überwinden –
Mut zur aktiven Lebensgestaltung.
154 Seiten. Broschiert.
ISBN 3-407-36305-2

Eine Anleitung zum selbstbewußten Auftreten und zur erfolgreichen
Lebensgestaltung. Ein Buch, das
den Lesern ein Arbeitsprogramm
anbietet: Fragebogen; Übungen;
persönliche Vereinbarungen, über
die eigene Geschichte, den eigenen
Alltag nachzudenken.

»›Selbstsicher werden‹ bietet sich
als Arbeitsprogramm an, das die
ersten Schritte bei der Suche nach
persönlicher Selbstsicherheit unterstützen kann.«
Q-magazin

»Mit diesem Buch können sich
Leserinnen und Leser Stück für
Stück die einzelnen Bausteine,
die zum selbstbewußten Handeln
gehören, erarbeiten.« *KNEIPP*

Aus dem Inhalt:
Die Angst zu versagen; Körperliche
Blockaden und unangenehme
Gefühle; Aufbau von Entspannung
und innerer Gelassenheit; Umgang
mit Widerständen; Verstärkung des
Glaubens an sich selbst; Selbst-
motivation und Selbstbegeisterung.

Birgit B. Lehner
Selbstsicher handeln
Erfolgreich in Beruf und Alltag.
166 Seiten. Broschiert.
ISBN 3-407-36308-7

Strategien zur Konfliktbewältigung,
Hinführung zum selbstbewußten
Handeln in Berufs- und Alltagssituationen. Beispiele, Übungen
und Fragebogen helfen den Lesern,
innere Selbstsicherheit so aufzu-
bauen, daß sie souverän agieren
können.

»Mit Hilfe vieler Bausteine und
Übungen wird Leserinnen und
Lesern selbstsicheres Verhalten,
selbstbewußte Kommunikation
sowie die Wahrnehmung und
Diagnose von Konflikten nahe-
gebracht.« *Erwachsenenbildung*

Aus dem Inhalt:
Merkmale selbstsicheren Verhaltens; Selbstbewußte Kommunikation; Gespräche selbstsicher führen; Wahrnehmung und Diagnose
von Konflikten; Selbstsicheres
Handeln in beruflichen Gesprächs-
situationen; Selbstsicher in Alltagssituationen; Weg in eine lebendige
Partnerschaft.

Beltz Verlag · Postfach 100154 · 69441 Weinheim

B0140